青春文庫

大人のクイズ

答えが2つある漢字

馬場雄二

漢字解説 田中浩之

青春出版社

はじめに

いつのまにか新聞連載・雑誌・テレビ・講演・大学ゼミなどで制作・発表してきたパズルが、数千点に達していました。その中で好評を頂いた主なジャンルの一つが「漢字」です。

多くのテレビ番組などでも漢字関係は多く目にしますが、私がいつかスポットライトを当てたいと考えていたテーマは、ビジュアル的には地味でも良質なクイズ性に富み、日常生活にも大いに役立つ「答えが2つある」言わば大谷選手のように「二刀流が可能な漢字表現」でした。例えば、「あし」には「足」と「脚」があり、「やさしい」には「易しい」と「優しい」があるように……。

そのテーマを、ようやく実現できたのが本書です。

漢字特有の微妙な奥深さを、なるほどと納得し楽しみながら漢字力のアップも期待できるのです。

漢字の個性的な字形と共に、音と訓の読み方、それに送りがなの要素を加えて、それぞれの組み合わせを４つの章に体系化しました。

自分で種々の辞書などからその多様性を探っていく過程で、漢字の持つ微妙な差や共通性に触れ、その結果から日本語の豊かな表現が可能になっている世界を楽しむことができました。

一人でも多くの皆さんに同様の面白さを実感して頂き、実生活に活用し豊かな表現に満ちた人生を味わえる一助になれれば、大変うれしく思います。

なお、意味の正確さを期するためにも、語句の解説は編集工房リテラの田中浩之さんにお世話になりました。

二〇二四年一月　馬場雄二

目次

第１章
同じ漢字なのに
読み方が２つあって
意味も違う漢字……7

第２章
漢字も送りがなも同じなのに
読み方が２つあって
意味も違う漢字……49

第3章
同じ読み方で意味も似ている2つの漢字……81

第4章
読み方も送りがなも同じで意味も似ている2つの漢字……127

◆本書の使い方

各章における語句の配列は順不同です。いつでもどこからでもチョイ読みが可能です。その時々の知識の集積が、いつのまにか日頃のコミュニケーション力をアップさせてくれることでしょう。

第1章

同じ漢字なのに読み方が2つあって意味も違う漢字

同字異音異義語

- 漢字は同じ
- 読み方が異なる
- 意味も異なる

大変評判が高くて、好かれるさま。
反対語は「小人気」ではなく「不人気」。

だいにんき

大人気

おとなげ

大人らしい分別や思慮。
反対語は「小人気」ではなく「子供っぽい」？

問1 次の漢字を何と読む？
□にはひらがなが入ります

上手

□□□ず

□わ□

問2 次の漢字を何と読む？
□にはひらがなが入ります

初心

□□□ん

□ぶ

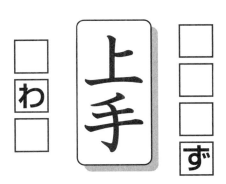

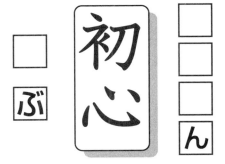

答① 読み方と意味は次の通り

上手

じょうず

やり方が巧みで手際が良いこと。囲碁・将棋で七段の腕前の人。「お」をつけると、如才ない人だという意味に。

うわて

地位や能力が優れている。相撲で相手の差し手の上からまわしを取ること。上手投げは下手投げよりも有利。

答② 読み方と意味は次の通り

初心

しょしん

最初に思いたった心、決心。学問や芸能などをまだ習い初めで未熟なこと。例＝初心を貫く。初心に返る。

うぶ

生まれたときのまま。世間ずれしていないこと。「初」のみでも「うぶ」と読む。例＝初心な娘

問 3 次の漢字を何と読む？
□にはひらがなが入ります

金星

□□せ□

□□ぼ□

問 4 次の漢字を何と読む？
□にはひらがなが入ります

最中

□□□□う

□□か

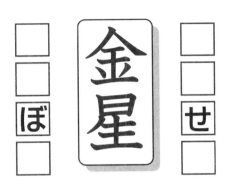

答 ③ 読み方と意味は次の通り

太陽系で水星の次に太陽に近いところを回る惑星。地球よりも少し小さい。夕方、西の空でひと際明るく輝く。

きんせい

金星

きんぼし

相撲で平幕が横綱に勝利すること。金星1個で年間24万円の給与増。相撲以外でも殊勲の星をこういう。

答 ④ 読み方と意味は次の通り

動作や状態が真っ盛りであること。何かが進行中で終わっていないこと。「さなか」とも読み、意味は同じ。

さいちゅう

最中

もなか

「さいちゅう」「さなか」と同じ意味も。とはいえ、一般的には和菓子の一種を指して使われることが多い。

問 5 次の漢字を何と読む？
□にはひらがなが入ります

□き□

色紙

□ろ□□

問 6 次の漢字を何と読む？
□にはひらがなが入ります

も□□

目下

め□□

答 ⑤ 読み方と意味は次の通り

和歌や俳句などを書く四角い厚紙。模様や金・銀を施すものも。一般的なサイズは約24㎝×27㎝。

しきし

色紙

いろがみ

いろいろな色に染めた紙。子供が折り紙遊びをするための紙。折り紙用の標準サイズは15㎝×15㎝。

答 ⑥ 読み方と意味は次の通り

ただいま。目の前。すぐ近く。さしあたり。例＝その案件は目下、検討中。目下、復旧の予定はない。

もっか

目下

めした

自分よりも地位や階級、年齢などが低い人のこと。反対語は「目上」。「ご苦労様」は目上が目下に使う言葉。

問 7 次の漢字を何と読む？
□にはひらがなが入ります

生花

□い□

□け□□

問 8 次の漢字を何と読む？
□にはひらがなが入ります

花道

□ど□

□な□□

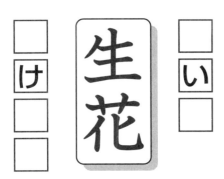

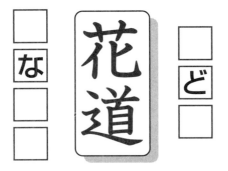

答⑦ 読み方と意味は次の通り

生花

せいか

自然の生きた花。活けられた花。本物の花。反対語は「死花」ではなく「造花」。例＝霊前に生花を供える。

いけばな

草木の枝や葉、花を剣山などを使って花器に挿すこと。フラワーアレンジメントでは主にスポンジを使用。

答⑧ 読み方と意味は次の通り

花道

かどう

草木の枝や葉、花などを切って器に挿す技術や作法、理論のこと。「華道」と書くことも多い。

はなみち

歌舞伎の舞台設備で、舞台に向かって観客席を貫く道。相撲で力士が支度部屋から土俵に向かう道。

問 9 次の漢字を何と読む？
□にはひらがなが入ります

仮名

□な

□め□

問 10 次の漢字を何と読む？
□にはひらがなが入ります

初日

□つ□

□□に□

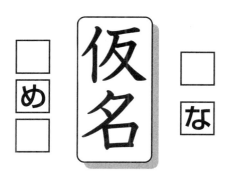

答 ⑨ 読み方と意味は次の通り

日本生まれの文字で、漢字から発生。ひらがなとかたかな。漢字は「真名（まな）」と呼ばれた。

かな

仮名

かめい

本名を隠したいときなどに、仮につける名のこと。ペンネームやハンドルネームも仮名の一種。

答 ⑩ 読み方と意味は次の通り

元日の朝日。初日の出。日本では島を除くと、最初に初日の出を拝めるのは富士山山頂で6時42分。

はつひ

初日

しょにち

数日にわたる行事や興行などの最初の日。相撲では、連敗していた力士の最初の白星もこう呼ぶ。

問 11 次の漢字を何と読む？
□にはひらがなが入ります

ち□□□

一寸

□□す□

問 12 次の漢字を何と読む？
□にはひらがなが入ります

□□に□

一日

□□た□

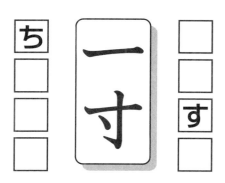

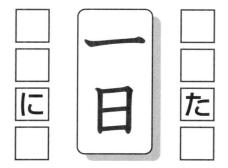

答 ⑪ 読み方と意味は次の通り

長さの単位で、約3・03㎝。1尺の10分の1の長さ。1インチは2・54㎝なので、一寸のほうがやや長い。

いっすん

一寸

ちょっと

数や量、時間、程度などがわずかなこと。漢字は当て字。「ちょっと、あなた」など呼びかけにも使われる。

答 ⑫ 読み方と意味は次の通り

月の第一日。「月立ち」が変化した言葉。「○月一日」のように、月とセットで使われることが多い。

ついたち

一日

いちにち

午前零時から午後12時までの一昼夜。ある時刻からの24時間、朝から日暮れまでの間もこう呼ぶ。

問13 次の漢字を何と読む？
□にはひらがなが入ります

工夫

□ふ□

こ□□□

問14 次の漢字を何と読む？
□にはひらがなが入ります

外面

□い□□

□□づ□

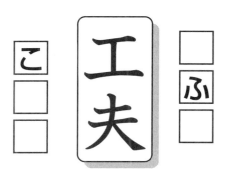

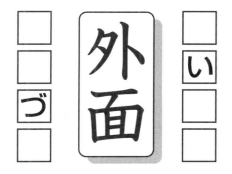

答⑬ 読み方と意味は次の通り

いろいろ考えて、良い方法を見つけようとすること。またはその方法。「夫婦」も「夫」を「ふう」と読ませる。

くふう

工夫

こうふ

土木工事などに従事する労働者。字を素直に読むと「こうふ」だが、「くふう」で使われることが圧倒的に多い。

答⑭ 読み方と意味は次の通り

ものの外側に向いた面。この意味から、外からの見かけやうわべのこともいう。反対語は「内面(ないめん)」。

がいめん

外面

そとづら

「がいめん」に似るが、人に見せるうわべの態度の意味で一層よく使われる。反対語は「内面(うちづら)」。

問 15 次の漢字を何と読む？
□にはひらがなが入ります

一目

□と□

い□□□

問 16 次の漢字を何と読む？
□にはひらがなが入ります

一行

い□□□

□□ぎ□□

答⑮ 読み方と意味は次の通り

一度、またはちょっと見ること。一度に広範囲を見渡すこと。ちょっと見て心ひかれるのは「一目惚れ」。

ひとめ

一目

いちもく

「ひとめ」と意味はほぼ同じだが、やや硬めの言い方。「一目置く」「一目瞭然」など慣用的な使われ方が多い。

答⑯ 読み方と意味は次の通り

人のひとならび。きちんと一列になっていなくても、一緒に行動する仲間、同行者のことをこう呼ぶ。

いっこう

一行

いちぎょう

文章のひとならび、一列。「ひとくだり」と読んでも同じ意味。中国・唐代に密教の基礎を築いた僧の名も。

問17 次の漢字を何と読む？

□にはひらがなが入ります

下手

□た

□□て

問18 次の漢字を何と読む？

□にはひらがなが入ります

芥子

□し

か□□

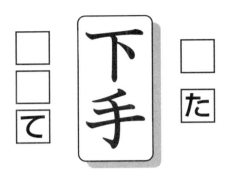

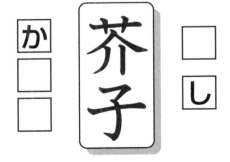

答⑰ 読み方と意味は次の通り

巧みでないこと。「下手の横好き」「下手の考え休むに似たり」など慣用句が多い。反対語は「上手(じょうず)」。

へた

下手

したて

会話では「へりくだること」としてよく使われる。例＝こっちが下手に出りゃ、つけあがりやがって！

答⑱ 読み方と意味は次の通り

ケシ科の越年草。果実は阿片の材料となるので、栽培は制限されている。七味唐辛子の香りづけの1つ。

けし

芥子

からし

香辛料の一種で、カラシナの種を粉末にしたもの。蓮根の穴に詰めた「からし蓮根」は熊本の郷土料理。

問 19 次の漢字を何と読む？
□にはひらがなが入ります

何分

□に□□

□□ぷ□

問 20 次の漢字を何と読む？
□にはひらがなが入ります

一見

□□け□

□ち□□

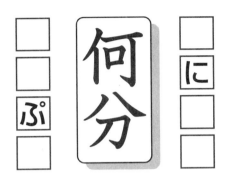

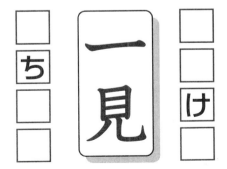

答 ⑲ 読み方と意味は次の通り

いくらか、なんらか。どうか、なにとぞ。どうも、何しろ。例＝何分、よろしく。何分、勉強不足で。

なにぶん

何分

なんぷん

時間や時刻がはっきりわからないときに使う。例＝いま何分ですか？　約束の時間に何分か遅れそうだ。

答 ⑳ 読み方と意味は次の通り

ちらっと見る。ひととおり目を通す。ちょっと見たところ。例＝百聞は一見にしかず。一見、真面目そう。

いっけん

一見

いちげん

はじめて対面すること。初対面の客。遊郭で遊女にはじめて会うときに使われた。例＝一見さん、お断り。

問 21 次の漢字を何と読む？
□にはひらがなが入ります

見物

□□□つ

□も□

問 22 次の漢字を何と読む？
□にはひらがなが入ります

紅葉

□□よ□

□み□

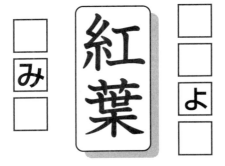

答 ㉑ 読み方と意味は次の通り

見物

けんぶつ

名所や芝居などを見て楽しむこと。好奇心のために行動するのが「見物」で、何かを学ぼうとするのは「見学」。

みもの

見る価値のあるもの。見て素晴らしいと感じるもの。例＝明日のトーナメント決勝戦は見物だ。

答 ㉒ 読み方と意味は次の通り

紅葉

こうよう

秋に樹の葉が赤色などに色づくこと。緑色の葉緑素が分解され、赤や黄色の色素が目立つことで起こる。

もみじ

秋になると美しく色づくカエデの別称。鹿の肉のこともこう呼ぶ。ちなみに猪肉の隠語は「牡丹」。

問 23 次の漢字を何と読む？
□にはひらがなが入ります

□ち□

一時

□□と□

問 24 次の漢字を何と読む？
□にはひらがなが入ります

□□う

今日

□□に□

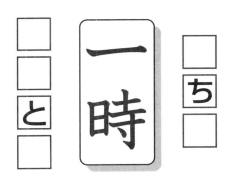

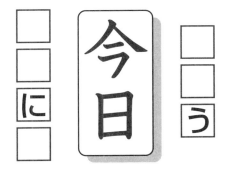

答㉓ 読み方と意味は次の通り

一時

いちじ

ある少しの時間。（過去の）あるとき。天気予報の「一時雨」は、予報期間の４分の１未満の間だけ降ること。

ひととき

「いちじ」とほぼ同じだが、やや古風で趣のある表現。ひらがなのほうが伝わりやすい。例＝幸せなひととき。

答㉔ 読み方と意味は次の通り

今日

きょう

いま過ごしている現在のこの日。関西などで使われる「きょうび（今日日）」は、いまどき、このごろの意味。

こんにち

いま過ごしている現在のこの日に加えて、いまの時代という意味もある。例＝今日の日本の社会では。

問 25 次の漢字を何と読む？
□にはひらがなが入ります

生物

□い□□

□ま□□

問 26 次の漢字を何と読む？
□にはひらがなが入ります

大家

お□□

□い□

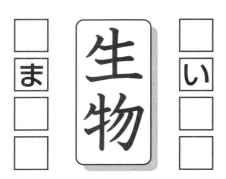

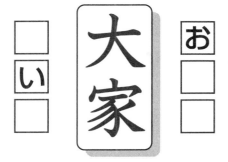

答 ㉕ 読み方と意味は次の通り

生物

せいぶつ

いきもの。動物や植物など生命を持つもの。ウイルスは自身で増殖できないので、生物に分類しない見方も。

なまもの

煮たり焼いたり塩を振ったりしていない、生のままの食品。主に魚介類に関してよく使われる。

答 ㉖ 読み方と意味は次の通り

大家

おおや

アパートや貸し家などの持ち主のこと。大家さんから借りている人は「店子（たなこ）」という。

たいか

芸術や学問などの分野で、格別すぐれた見識や能力を持っている人のこと。金持ちの家は「たいけ」。

問 27 次の漢字を何と読む？
□にはひらがなが入ります

大事

□い□

□□□と

問 28 次の漢字を何と読む？
□にはひらがなが入ります

大勢

□お□□

□い□□

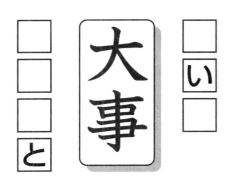

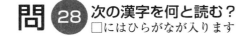

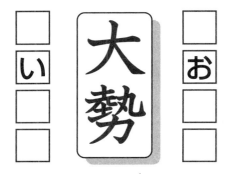

答 ㉗ 読み方と意味は次の通り

大切にする。重大なことがら、大きな事件という意味も。例＝そこが大事なんだよ。大事にしまっておこう。

だいじ

大事

おおごと

重大なできごと。大きな事件。例＝大変だ、大事になってしまう。大事にならないように収めなくては…。

答 ㉘ 読み方と意味は次の通り

多くの人、大人数。反対語は「小勢（こぜい）」。同じ意味の「多勢」は、ほぼ「多勢に無勢」のみで使用。

おおぜい

大勢

たいせい

だいたいの状況、形勢。世の成り行き。例＝選挙の大勢はほぼ決まった。その程度では大勢に影響はない。

問 29 次の漢字を何と読む？

□にはひらがなが入ります

人事

□と□□

□ん□

問 30 次の漢字を何と読む？

□にはひらがなが入ります

一途

□ち□

い□□

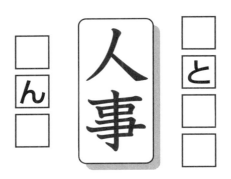

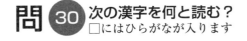

答 ㉙ 読み方と意味は次の通り

人事

ひとごと

自分とは関係ない、他人に関すること。「他人事（たにんごと）」ともいわれるが、本来の言葉ではない。

じんじ

組織で働く人の地位や役目に関すること。人の成し得ることとの意味もあり、「人事を尽くす」などと使われる。

答 ㉚ 読み方と意味は次の通り

一途

いちず

ひとつのことに向かって、ひたすら打ち込むこと。その道ひとすじ。仕事や恋愛に対する姿勢で使われる。

いっと

同じ方向ひとすじ。ひとつの方法や手段。「一途をたどる」との言い回しが多い。例＝増加の一途をたどる。

問 31 次の漢字を何と読む？

□にはひらがなが入ります

心中

□□ち□□

□□じ□□

問 32 次の漢字を何と読む？

□にはひらがなが入ります

背筋

□□き□

□す□

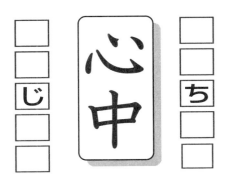

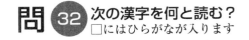

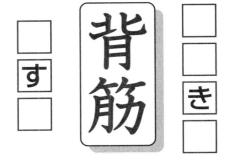

答 ㉛ 読み方と意味は次の通り

心のうち。内心。心のなかで考えていること。例＝心中を明かす。心中、お察しします。心中、穏やかでない。

しんちゅう

心中

しんじゅう

複数が合意のうえで一緒に死ぬこと。男女の心中は「情死」ともいい、作家では太宰治、有島武郎の例が有名。

答 ㉜ 読み方と意味は次の通り

広背筋や僧帽筋、脊柱起立筋など背中にある筋肉の総称。背筋の力が弱いと、猫背や肩こりになりやすい。

はいきん

背筋

せすじ

背骨に沿って縦にくぼんだ部分。背中の中心線。姿勢について表現するときなどに多く使われる。

問 33 次の漢字を何と読む？
□にはひらがなが入ります

五分

□□ん

□ぶ

問 34 次の漢字を何と読む？
□にはひらがなが入ります

末期

ま□□

□□ご

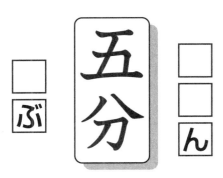

答 33 読み方と意味は次の通り

ごふん

「12時5分に集合」では時刻。「12時の5分前に集合」「5分続けて」「徒歩5分」などでは時間の長さを示す。

五分

ごぶ

ものごとの半ば。優劣の差がない。1寸の半分の意味も。坊主頭の「五分刈り」の長さは約9㎜が多い。

答 34 読み方と意味は次の通り

まっき

終わりに近い。勢いがなくなり、盛り返しがたい状況。「末期がん」は「ステージ4」で有効な治療法がないとき。

末期

まつご

人が死のうとしているとき。死にぎわ。臨終。「末期の水」とは、死にゆく人の口にふくませる水のこと。

問 35 次の漢字を何と読む？

□にはひらがなが入ります

□□□ち□□

氷柱

□ら□

問 36 次の漢字を何と読む？

□にはひらがなが入ります

□□あ□

風穴

ふ□□□

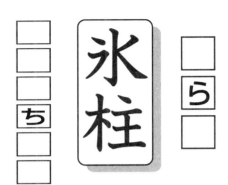

答 ㉟ 読み方と意味は次の通り

氷柱

つらら

軒などに水が滴り落ち、凍って垂れ下がったもの。屋根の雪が溶けて起こるので、寒暖差があるほうができる。

ひょうちゅう

熱い夏の盛り、室内を涼しくするために置く角柱状の氷のこと。「こおりばしら」ともいう。

答 ㊱ 読み方と意味は次の通り

風穴

ふうけつ

夏に冷たい風を吹き出す、山腹などにある深い洞窟。山梨県青木ヶ原の富岳風穴などが有名。

かざあな

通風のために壁などにあけた穴。障子の破れた穴。ここから、「風穴を開ける」は新風を吹き込むとの意味に。

問 37 次の漢字を何と読む？
□にはひらがなが入ります

や□□□□

役所

□□し□

問 38 次の漢字を何と読む？
□にはひらがなが入ります

め□□

面子

□□っ

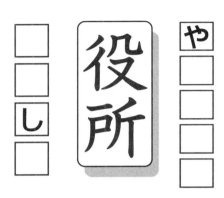

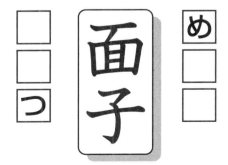

答 ㊲ 読み方と意味は次の通り

その人に与えられた役目。ふさわしい役目。ちょうどいい役目。例＝彼は役所をわきまえた人だから。

やくどころ

役所

やくしょ

役人が公務を行うところ。官公庁。自治体によって名称は変わり、市や区は「役所」で、町や村は「役場」。

答 ㊳ 読み方と意味は次の通り

円形や長方形のボール紙製の玩具。「めんこ」は関東での呼び名。「べったん」「しょーや」など地方名が多い。

めんこ

面子

めんつ

面目。対面。世間に対する体裁。麻雀を行うメンバーのことでもあり、転じて、「顔ぶれ」という意味も。

問 39 次の漢字を何と読む？

□にはひらがなが入ります

市場

□ち□

□じ□□

問 40 次の漢字を何と読む？

□にはひらがなが入ります

根本

□ん□□

□も□

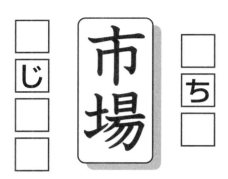

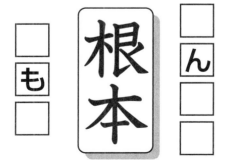

答 ㊴ 読み方と意味は次の通り

毎日または定期的に店が開かれるところ。または主に食品や日用品を扱う小売店がたくさん集まる常設の場。

いちば

市場

しじょう

特定の商品や有価証券を定期的に取り引きする場。「売手市場」「市場価格」など経済的な機能の意味も。

答 ㊵ 読み方と意味は次の通り

物事のいちばん基礎になるところ。おおもと。例＝その考え方は根本にかかわることだ。

こんぽん

根本

ねもと

草や木の根のあるところ、根の周辺。比喩的な使い方として、「柱の根本」といった言い回しもされる。

第2章

漢字も送りがなも同じなのに読み方が2つあって意味も違う漢字

同字 同送りがな異音異義語

●漢字も送りがなも同じ
●読み方が異なる
●意味も異なる

辛い

からい

激しく舌を刺激するような味。刺激の感覚なので「渋味」などと同じく味覚の5種類には入らない。

つらい

耐え難い。苦しい。無情である。一本横線を足すと「幸」になる。元気づけの秘法？

問 41 次の漢字を何と読む？
□にはひらがなが入ります

□□い

臭い

□さい

問 42 次の漢字を何と読む？
□にはひらがなが入ります

□ごれる

汚れる

け□れる

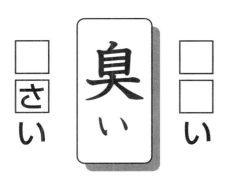

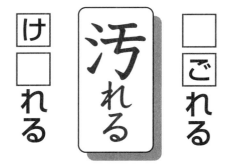

答 ㊶ 読み方と意味は次の通り

嗅覚で感じる不快なものは「臭い」、良いにおいは「香り」。判別しにくい場合は「におい」を使うのが無難。

におい

臭い

くさい

嫌なにおいがすること。疑わしい、の意味も。「くさいにおい」は「臭いにおい」と書かれることが多い。

答 ㊷ 読み方と意味は次の通り

汚物がついてきたなくなる。けがらわしくなる。「よごれた金」は不正な金のほかに、泥などがついた金の場合も。

よごれる

汚れる

けがれる

道徳に反したり犯罪を犯したりして、精神的な清らかさや純粋さを失う。「けがれた金」は不正な金。

問 43 次の漢字を何と読む？
□にはひらがなが入ります

解く

□く

□どく

問 44 次の漢字を何と読む？
□にはひらがなが入ります

怒る

□こる

□かる

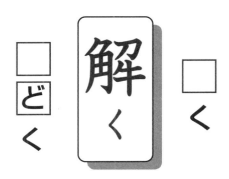

答 ㊸ 読み方と意味は次の通り

「問題を解く」のように、論理的に答えを出す意味でよく使われる。ほかに、ほぐす、職をやめさせるなど。

とく

解く

ほどく

結んであるものや縫っているもの、もつれたものをときはなす。例＝結び目を解く。もつれた釣り糸を解く。

答 ㊹ 読み方と意味は次の通り

腹が立つこと。足を踏まれた、頭をはたかれたなど、直接的で物理的な原因からくることが多い。

おこる

怒る

いかる

腹が立つこと。馬鹿にされるなど抽象的で精神的な原因によることが多い。理不尽なものへの怒りは「憤る」。

問45 次の漢字を何と読む？

□にはひらがなが入ります

□わる

回る

□ぐる

問46 次の漢字を何と読む？

□にはひらがなが入ります

□く

弾く

は□く

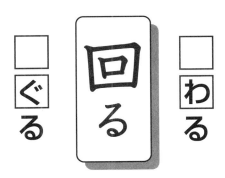

答 ㊺ 読み方と意味は次の通り

円を描くように動く、移動する。あちこちに行く。順序を決めないで行動する場合によく使われる。

まわる

回る

めぐる

意味は「まわる」とほぼ同じ。順序を決めて目的を持って行動する場合は「めぐる」のほうが適している。

答 ㊻ 読み方と意味は次の通り

よく使われるのはギターやピアノなどの弦楽器、鍵盤楽器の音を出すこと。弦そのものは「はじく」という。

ひく

弾く

はじく

押し曲げられたものがもとに戻る力で打つこと。寄せつけない、はねのける、の意味も。

問 47 次の漢字を何と読む？
□にはひらがなが入ります

認める

□□□める

み□める

問 48 次の漢字を何と読む？
□にはひらがなが入ります

細やか

こ□やか

□さやか

答 ㊼ 読み方と意味は次の通り

ほとんどの場合、書き記す意味で使用。「手紙をしたためています あなたに～」と歌う70年代のヒット曲も。

したためる

認める

みとめる

目にとめる（人影を）、気づく（間違いを）、そうだと判断する（優秀と）など多くの意味が。

答 ㊽ 読み方と意味は次の通り

細かいところまでいきとどいて、情が厚く、心がこめられているさま。例＝細やかな愛情を注がれて育った。

こまやか

細やか

ささやか

小規模で控えめなさま。謙遜して使われる場合も多い。例＝ささやかに暮らしている。ささやかな贈り物。

問 49 次の漢字を何と読む？
□にはひらがなが入ります

□らく

開く

□く

問 50 次の漢字を何と読む？
□にはひらがなが入ります

も□る

潜る

く□る

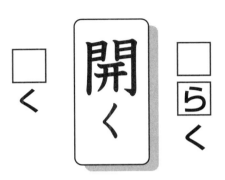

答 ㊾ 読み方と意味は次の通り

閉じていたものがあけ広げられる。あけ広げる。動作の対象が必要な他動詞としても使用。例＝窓を開く。

ひらく

開く

あく

仕切りやふたなどが除かれた状態になる。動作の対象がいらない自動詞として使用。例＝窓が開く。店が開く。

答 ㊿ 読み方と意味は次の通り

水や土のなかに入る（海に）。ものの下に入る（床下に）。潜伏して身をひそめる（地下に）など。

もぐる

潜る

くぐる

何かの下や狭いなかを姿勢を低くして通る（鳥居の下を）。「水に入る」意味もあるが、一般的ではない。

問 51 次の漢字を何と読む？
□にはひらがなが入ります

□わい

強い

つ□い

問 52 次の漢字を何と読む？
□にはひらがなが入ります

つ□やか

艶やか

あ□やか

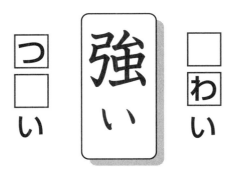

答 ⑸① 読み方と意味は次の通り

ごはんや繊維、髪質などがかたくてごわごわ。頑固で強情。といったように、やや望ましくない意味を持つ。

こわい

強い

つよい

力がある、技術がすぐれている。健康で丈夫。屈しない。ゆるみがない、など。前向きで望ましい意味が多数。

答 ⑸② 読み方と意味は次の通り

つやがあって、美しいさま。つややかな黒髪、つややかな肌など、女性を部分的にほめるときによく使われる。

つややか

艶やか

あでやか

大人の色気のある女性を表現する言葉。濃厚な美しさと華やかさがあり、なまめかしいさまをいう。

問 53 次の漢字を何と読む？

□にはひらがなが入ります

盛る

さ□る

□る

問 54 次の漢字を何と読む？

□にはひらがなが入ります

行った

□った

□□□った

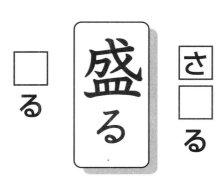

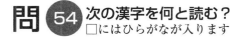

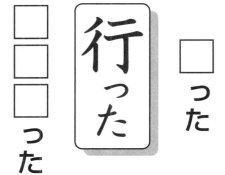

答 53 読み方と意味は次の通り

さかる

火などの勢いが盛んになる。店などが繁盛する、にぎわう。ほかに、動物が発情するという意味も。

盛る

もる

食べものなどを器に入れて満たす。高く積み上げる。若者言葉で、話や容姿をより良く見せるという意味も。

答 54 読み方と意味は次の通り

いった

いまいる地点から移動する。前方や目的に向かって進む。歩いて進む。といった「行く(ゆく・いく)」の過去形。

行った

おこなった

物事をなす、取り扱うという意味の「行う」の過去形。まぎらわしい場合は、「行なった」との表記も許容範囲。

問 55 次の漢字を何と読む？

逸れる

□れる

は□□る

問 56 次の漢字を何と読む？

凹む

□こむ

く□む

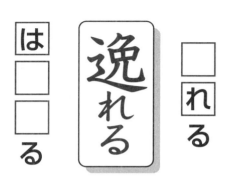

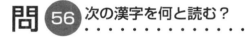

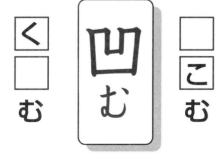

答 55 読み方と意味は次の通り

弓なりに曲がる「そる」から来た言葉。投げたボールが別の方向に行く、会話などが本筋からはずれること。

それる

逸れる

はぐれる

連れの人を見失ってしまうこと。「食い逸れる」など、ほかの動詞の下について、そこなうという意味も。

答 56 読み方と意味は次の通り

ものの表面が落ち込む。「凸」と組み合わせた「凸凹」は「でこぼこ」。「凸」に訓読みはなく、「とつ」と読む。

へこむ

凹む

くぼむ

「へこむ」と同じ意味。何か所も落ち込んでいるときには、「くぼむ」ではなく「へこむ」が使われる。

問57 次の漢字を何と読む？
□にはひらがなが入ります

つ□える

支える

さ□える

問58 次の漢字を何と読む？
□にはひらがなが入ります

□める

止める

□める

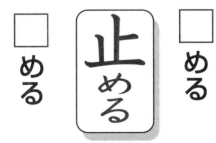

答 ㊿57 読み方と意味は次の通り

じゃまなものにふさがれたり、突き当ったりして先に進めない。会話では「つっかえる」とよく使われる。

つかえる

支える

ささえる

ものが落ちたり倒れたりしないように押さえる。暮らしや会社経営などを持ちこたえるという意味でも使用。

答 58 読み方と意味は次の通り

車や人の動作など何かの動きをやめさせる。呼吸や痛みなど継続しているものを終わらせる、という意味も。

とめる

止める

やめる

動作や状態をとめること。常用漢字表にはないので、公文書や新聞では「やめる」か「辞める」を使う。

問 59 次の漢字を何と読む？

□にはひらがなが入ります

か□った

通った

と□った

問 60 次の漢字を何と読む？

□にはひらがなが入ります

そ□り

素振り

□ぶり

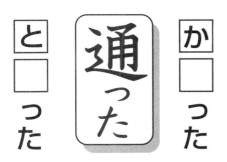

答 59 読み方と意味は次の通り

「通う」の過去形。「その道をとおった」は移動しただけだが、「かよった」なら何度も行き来したことになる。

かよった

通った

とおった

「通る」の過去形で、突き抜けた、通過した、注文が取り次がれた、法案が成り立った、など意味は多様。

答 60 読み方と意味は次の通り

表情や動作にあらわれる様子。例＝つれない素振り。よそよそしい素振り。知っているかのような素振り。

そぶり

素振り

すぶり

バットやラケット、竹刀などを練習のために振ること。王貞治は選手時代、真剣も使って素振りをしたという。

問 61 次の漢字を何と読む？

□にはひらがなが入ります

反る

□□る

□る

問 62 次の漢字を何と読む？

□にはひらがなが入ります

摘む

□□む

□む

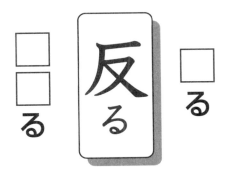

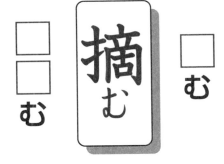

答 61 読み方と意味は次の通り

反る

そる

まっすぐ、あるいは平らなものが弓なりに曲がる。または体が後ろに向かって弓なりに曲がる、のけぞる。

かえる

表裏が反対になる。もとの状態に戻る。偉そうな態度の「そりかえる」は、「反り反る」ではなく「反り返る」。

答 62 読み方と意味は次の通り

摘む

つむ

指先や爪の先でつまみとること。例＝お茶を摘む。花を摘む。中国・四国・九州などでは「髪を摘む」という。

つまむ

指先ではさみ持つこと。箸で食べものをはさむ、指で握り寿司をとる、重要部分を抜き出す、という意味も。

問 63 次の漢字を何と読む？
□にはひらがなが入ります

呪い

□□□い

□□い

問 64 次の漢字を何と読む？
□にはひらがなが入ります

誘う

□□う

□□□う

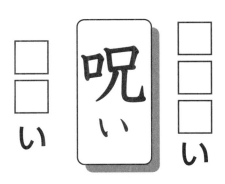

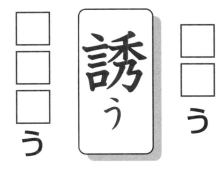

答 (63) 読み方と意味は次の通り

神仏などに祈りを捧げ、災いを起こしたり、逆に取り除いたりすること。良い意味でも悪い意味でも使用。

まじない

呪い

のろい

神仏や悪霊などに祈願し、恨みや憎しみのある者に災いが及ぶようにすること。良い意味では使われない。

答 (64) 読み方と意味は次の通り

何かを一緒にしようとすすめる。「陽気に誘われて散歩した」のように、ある気分にさせるという使われ方も。

さそう

誘う

いざなう

さそう、すすめて連れ出す。「さそう」の古風な表現で、どことなく知的な感じ。例=○○の世界へ誘う。

問 65 次の漢字を何と読む？

□にはひらがなが入ります

違う

ち□う

□□う

問 66 次の漢字を何と読む？

□にはひらがなが入ります

避ける

□ける

□ける

答 ㊼ 読み方と意味は次の通り

同じではない、隔たりがある、基準に一致しない、などの意味。「異なる」に似るが、より幅広い意味を持つ。

ちがう

違う

たがう

「ちがう」の古風な言い方。主に書き言葉として使われる。例＝寸分違わない。予想に違わず。

答 ㊽ 読み方と意味は次の通り

好ましくない人やものから離れる、近づかないようにする。人目や視線、戦争など、抽象的なものも対象に。

さける

避ける

よける

意味は「さける」に近いが、パンチや落石、道に飛び出してきた子どもなど、物理的なものだけが対象となる。

問 67 次の漢字を何と読む？

□にはひらがなが入ります

戯れる

□□□れる

□□れる

問 68 次の漢字を何と読む？

□にはひらがなが入ります

歪む

□がむ

□□む

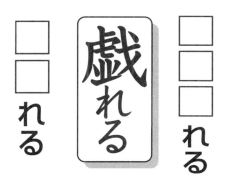

答 67 読み方と意味は次の通り

遊び興じる、おもしろがってふざける、といった意味。人が相手のときによく使われる。恋人のいちゃつきも。

たわむれる

戯れる

じゃれる

ふざけてたわむれる。まとわりつく。「猫じゃらし」という言葉があるように、動物によく使われる。

答 68 読み方と意味は次の通り

形が正しくなくねじれたり曲がったりする。「歪んだ性格」のように、心や行いに関しても使われる。

ゆがむ

歪む

ひずむ

「ゆがむ」に似た言葉。「社会の歪み」のように悪い影響にも使用。送りがななしの「歪」は「いびつ」。

問 69 次の漢字を何と読む？
□にはひらがなが入ります

□□れる

触れる

□れる

問 70 次の漢字を何と読む？
□にはひらがなが入ります

□れる

入れる

□□れる

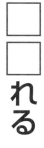

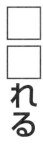

答 ⑥⑨ 読み方と意味は次の通り

さわれる

触る（さわる）ことができるという意味。「さわる」は手で触れたり、接触したりするときによく使われる。

触れる

ふれる

ちょっとだけ軽くさわる。少しだけ見たり聞いたりする。話題にする、規則に反する、などの意味もある。

答 ⑦⓪ 読み方と意味は次の通り

いれる

外から中へ移す（冷蔵庫に）、混ぜる（砂糖を）、さしはさむ（休憩を）、連絡する（電話を）など多くの意味が。

入れる

はいれる

入る（はいる）ことができる。「はいる」と「いれる」では送りがなが違う。「いれる」「はいれる」は文脈で判断を。

第3章

同じ読み方で意味も似ている2つの漢字

異字同音近似義語

●読み方が同じ
●意味も近い
●漢字が異なる

鳥・魚・虫などのたまご。
修行中の人。

卵

たまご

玉子

料理に用いるたまご。

問 71 同じ読みで、似た意味の漢字を2つ書く

指定の画数を書き足して漢字を完成させます

由	あぶら	旨
+3画		+4画

問 72 同じ読みで、似た意味の漢字を2つ書く

指定の画数を書き足して漢字を完成させます

月卩	あし	人
+5画		+3画

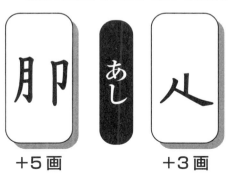

答71 漢字と意味は次の通り

脂

ラードなど常温で固体のあぶら。オリーブ油やゴマ油に対して、豚や牛は脂。数少ない慣用句が「脂が乗る」。

あぶら

油

植物性や石油由来など、常温で液体のあぶら。「火に油を注ぐ」「油を売る」「水と油」など多くの慣用句が。

答72 漢字と意味は次の通り

足

動物が歩いたり走ったりするのに使う部分。またはくるぶしから先（foot）、家電などの短い支え部分。

あし

脚

骨盤から下に伸びた部分（leg）をはっきり表したいときに使う。グラスなどの細長い支え部分もこう呼ぶ。

問 73 同じ読みで、似た意味の漢字を2つ書く

指定の画数を書き足して漢字を完成させます

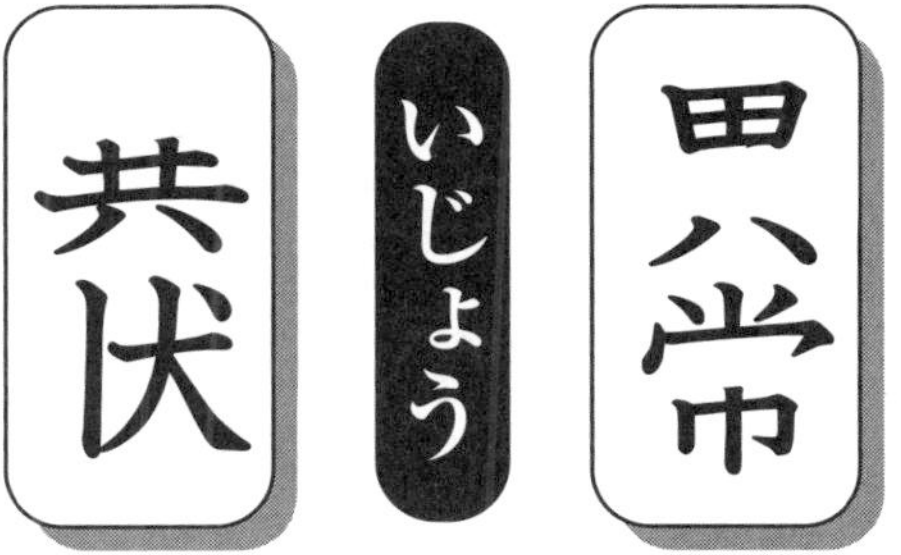

+7画　　+7画

問 74 同じ読みで、似た意味の漢字を2つ書く

指定の画数を書き足して漢字を完成させます

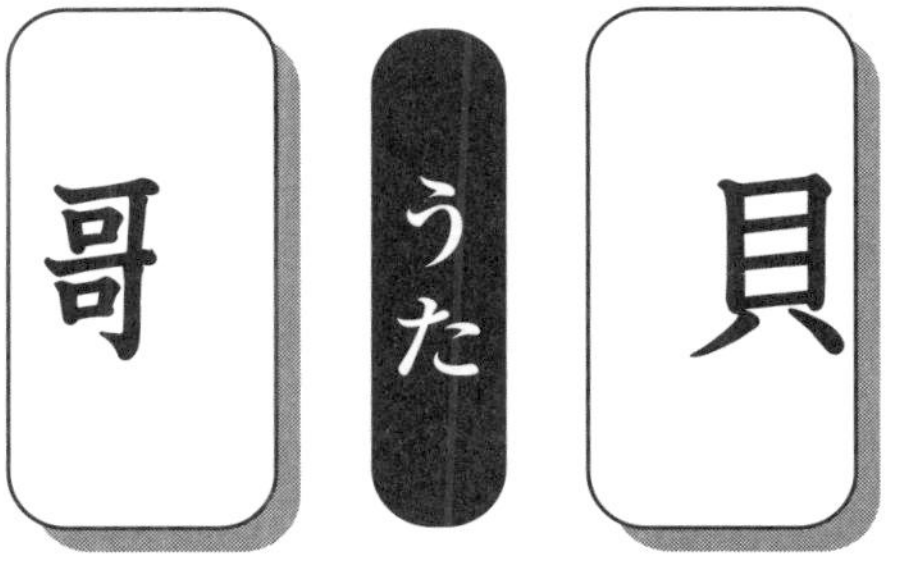

4画　　+3画

答 ⑦③ 漢字と意味は次の通り

異常

いじょう

異状

通常とは異なることを表現するのに幅広く使われる。「異常な暑さの夏」のように形容詞としても使用可。

通常とは異なる状態や様子に限定される言葉。警備での「異状ありません」、映画『西部戦線異状なし』など。

答 ⑦④ 漢字と意味は次の通り

唄

うた

歌

歌のなかでも邦楽、民謡に限っては「唄」。中国の漢字ではなく、梵語（古代インドの言語）の音訳文字。

曲に乗せた言葉。歌謡曲、ポップス、学校で習う唱歌、民謡ほか、歌詞がある曲の総称。和歌もこう呼ぶ。

問 75 同じ読みで、似た意味の漢字を2つ書く

指定の画数を書き足して漢字を完成させます

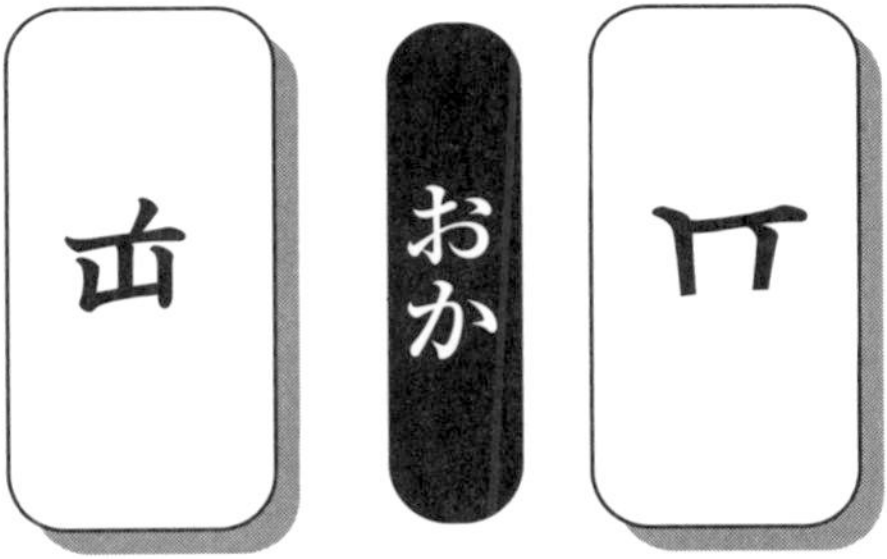

+3画　　2画

問 76 同じ読みで、似た意味の漢字を2つ書く

指定の画数を書き足して漢字を完成させます

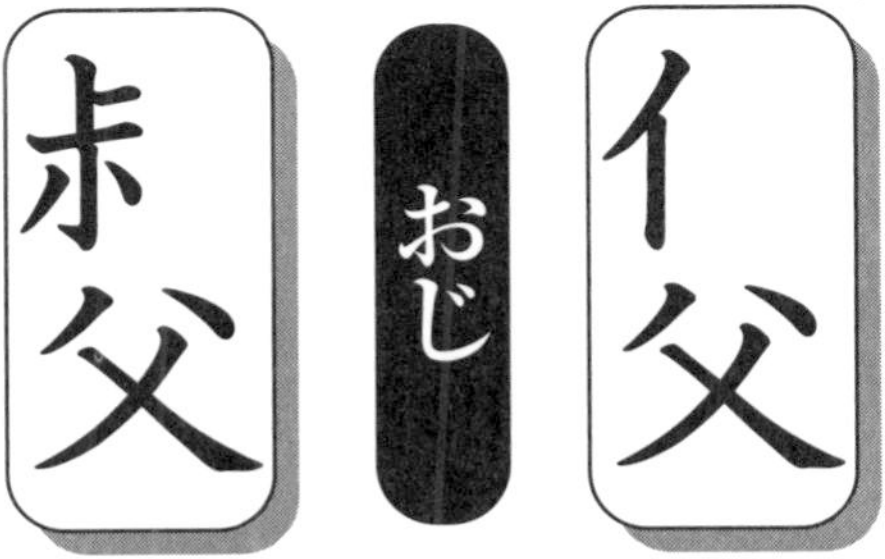

+2画　　+5画

答 ⑦⑤ 漢字と意味は次の通り

小高く盛り上がった土地。山と呼ぶほど高くはなく、傾斜もなだらかなところをこう呼ぶ。

丘　**おか**　**岡**

「丘」と同じような意味。「丘」が一般的に使われるのに対して、「岡」は主に人名や地名などの固有名詞。

答 ⑦⑥ 漢字と意味は次の通り

「おじ」は父・母の兄弟、姉妹の夫。父・母の兄に対しては「伯父」という字を使う。父・母の姉は「伯母」。

伯父　**おじ**　**叔父**

父・母の弟には「叔父」という字を用いて、「伯父」と区別する。父・母の妹は「叔母」と書く。

問 77 同じ読みで、似た意味の漢字を2つ書く

指定の画数を書き足して漢字を完成させます

＋9画　　＋7画

問 78 同じ読みで、似た意味の漢字を2つ書く

指定の画数を書き足して漢字を完成させます

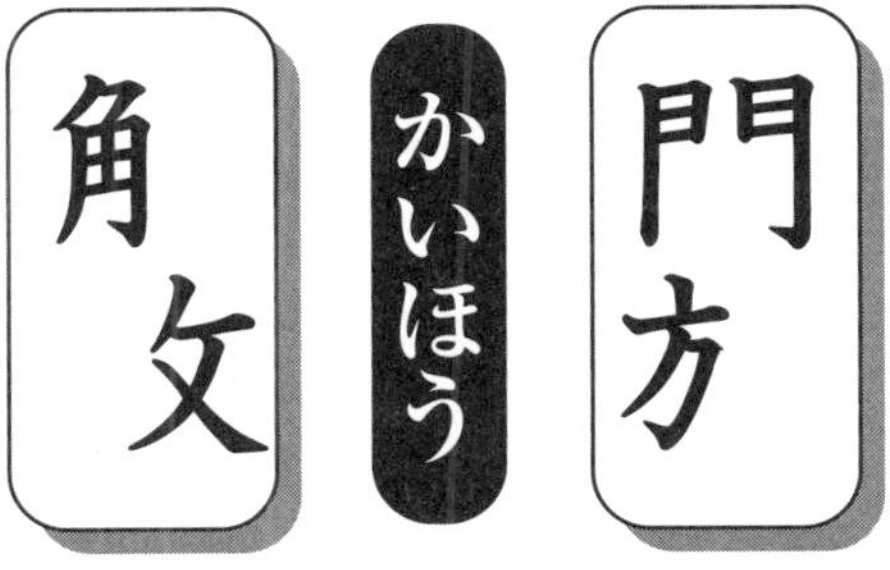

＋10画　　＋8画

答 ⑰ 漢字と意味は次の通り

問題を解いて答えを出すこと。「回答」とは違って、正解を求められる。例＝クイズに解答する。

解答

かいとう

回答

質問や要求などに対して答えること。例＝アンケートに回答。質問に回答する。問い合わせに回答があった。

答 ⑱ 漢字と意味は次の通り

窓や戸、門などを「開け放す」こと。「門戸を開放する」など、制限をなくして出入りを自由にする意味も。

開放

かいほう

解放

制限や束縛などを「解き放す」こと。歯止めをなくし自由にすること。例＝人質を解放。校則から解放。

問 79 同じ読みで、似た意味の漢字を２つ書く

指定の画数を書き足して漢字を完成させます

かわ

＋2画　　＋1画

問 80 同じ読みで、似た意味の漢字を２つ書く

指定の画数を書き足して漢字を完成させます

かんしょう

＋15画　　＋14画

答 ⑦⑨ 漢字と意味は次の通り

降った雨など地表の水が集まって流れる水路。「川」「河」の字があるが、一般的には「川」が使われる。

川

かわ

河

大きな川の場合は、黄河など中国北部の大河に使われる「河」を使う手も。中国南部では「江」を使う(長江)。

答 ⑧⓪ 漢字と意味は次の通り

「観賞」は何かを見て楽しむこと。美しい風景、花や金魚といった動植物など、自然のものが対象となる。

観賞

かんしょう

鑑賞

「鑑賞」と「観賞」は混同されやすい言葉。「鑑賞」とは芸術作品などの良さを理解し、味わうこと。

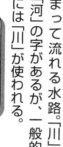

問 81 同じ読みで、似た意味の漢字を2つ書く

指定の画数を書き足して漢字を完成させます

＋4画　＋2画

問 82 同じ読みで、似た意味の漢字を2つ書く

指定の画数を書き足して漢字を完成させます

＋3画　＋6画

答 81 漢字と意味は次の通り

皮

動植物の体や身を包む膜。表面を覆って本質を隠すものという意味もある。例＝化けの皮をはがしてやる。

かわ

革

皮の毛をとって加工したもの。つまり、なめす前が「皮」(skin)で、なめしたあとが「革」(leather)。

答 82 漢字と意味は次の通り

陰

光に当たらない、後ろに隠れたところ。「見えない」のがカギで、「島陰」は「島に隠れて見えない」場所。

かげ

影

光源の反対側にできる黒い像、水や鏡に映る像など。「見える」のがカギで、「島影」は「島が見える」こと。

問 83 同じ読みで、似た意味の漢字を２つ書く

指定の画数を書き足して漢字を完成させます

＋7画　＋1画

問 84 同じ読みで、似た意味の漢字を２つ書く

指定の画数を書き足して漢字を完成させます

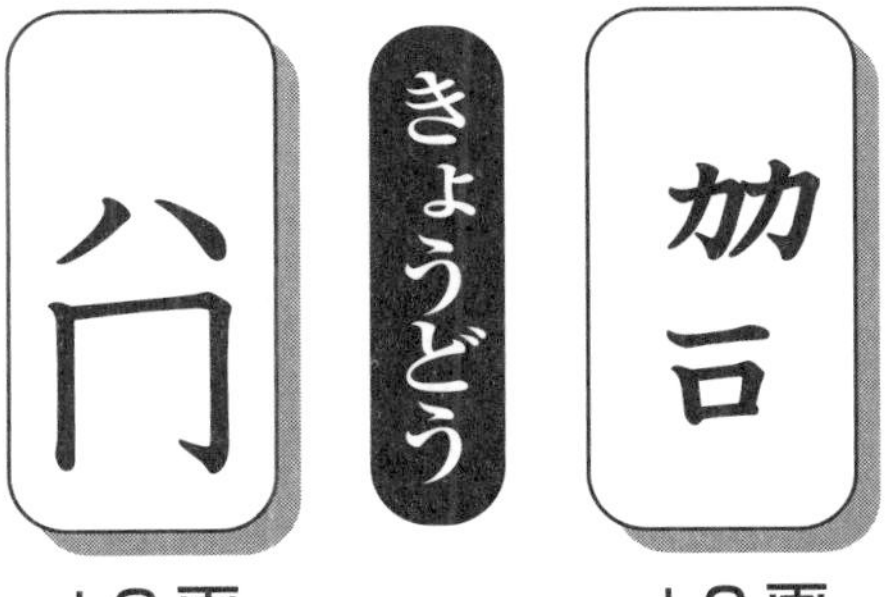

＋8画　＋6画

答 ⑧③ 漢字と意味は次の通り

木　き　**樹**

木：生きている木のほか、切った木、加工したものにも「木」が使われる。例＝植木、並木、木の机、木材、木工。

樹：幅広い意味の「木」に対して、「樹」は生きている立ち木のみに使われる。例＝大きな杉の樹、樹の陰、植樹。

答 ⑧④ 漢字と意味は次の通り

協同　きょうどう　**共同**

協同：2人以上が力を合わせて、助け合って何かを行うこと。例＝産官学が協同で実施する。協同組合。

共同：2人以上が何かを行うこと。「協同」とは違って、必ずしも力を合わせる必要はない。例＝トイレを共同で使う。

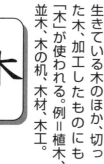

問 85 同じ読みで、似た意味の漢字を2つ書く

指定の画数を書き足して漢字を完成させます

きかい

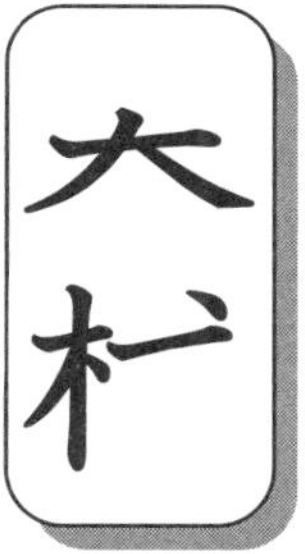

＋7画　＋17画

問 86 同じ読みで、似た意味の漢字を2つ書く

指定の画数を書き足して漢字を完成させます

くじゅう

＋7画　＋7画

答 85 漢字と意味は次の通り

人間が直接動かす、比較的小さい装置や道具。体重計などの測定器械、鉄棒などを使う体操は「器械体操」。

器械

きかい

機械

動力を使って操作する装置。人間の指令通りに動いたり、繰り返し同じことをしたりする。工作機械、産業機械。

答 86 漢字と意味は次の通り

苦くて渋いが転じて、苦しみ悩むことをいう。「苦渋」は味なので「味わう」、「苦汁」は汁だから「なめる」。

苦渋

くじゅう

苦汁

苦い汁。転じて、辛い経験のことをいう。海水から塩を作る際に残る液体の「にがり」も同じ字。これも苦い。

問 87 同じ読みで、似た意味の漢字を2つ書く

指定の画数を書き足して漢字を完成させます

くら

＋7画　　＋9画

問 88 同じ読みで、似た意味の漢字を2つ書く

指定の画数を書き足して漢字を完成させます

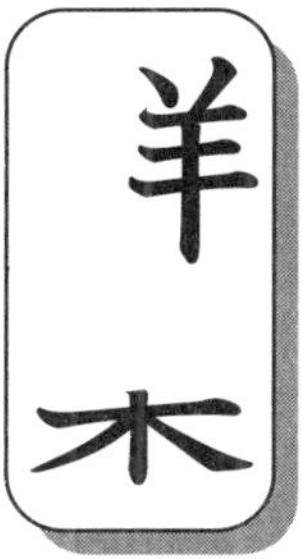

ぐんしゅう

＋15画　　＋12画

答 87 漢字と意味は次の通り

蔵

穀物以外の大事なものをしまっておく建物。「蔵がある家」とはおそらく旧家で、お宝がしまわれていそうだ。

くら

倉

穀物をたくわえておく建物。「倉がある家」とはおそらく農家で、保管されるのは米だろう。

答 88 漢字と意味は次の通り

群衆

ある場所に群がり集まった大勢の人たち。対象は「人」に限り、動物などが集まっているときには使わない。

ぐんしゅう

群集

何かがある場所に群がり集まること、または集まったもの。「群衆」よりも幅広い意味で使える。

問 89 同じ読みで、似た意味の漢字を2つ書く

指定の画数を書き足して漢字を完成させます

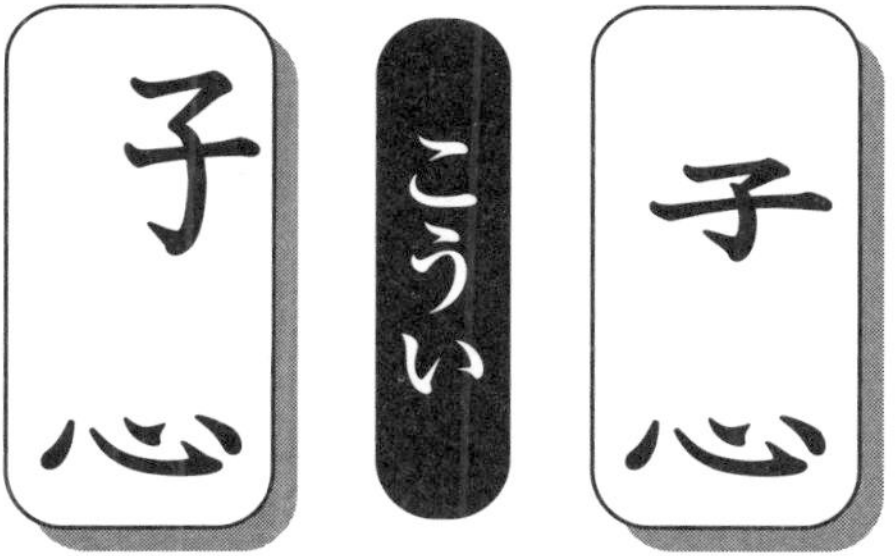

＋12画　＋15画

問 90 同じ読みで、似た意味の漢字を2つ書く

指定の画数を書き足して漢字を完成させます

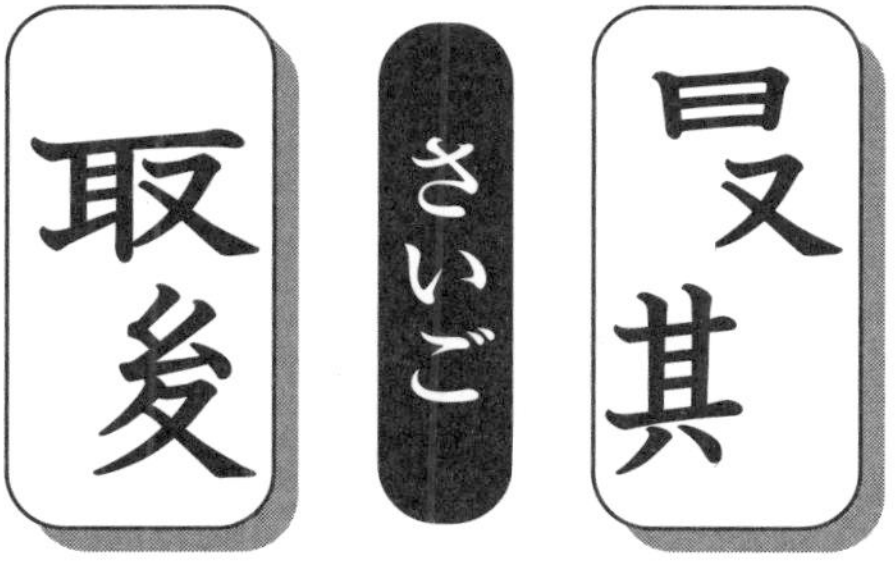

＋7画　＋10画

答 ㉙ 漢字と意味は次の通り

厚意

思いやりのある心。誰かに対する自分の気持ちには使わない。例＝ご厚意に感謝。厚意を無にしないように。

こうい

好意

好きな気持ち。親切な気持ち。自分の思いにも、相手の思いにも使用。例＝好意を寄せる。好意を無にする。

答 ⑨⓪ 漢字と意味は次の通り

最期

「最期を遂げる」「最期の言葉」など、命が終わるときに使われる。「平家の最期」のように末期という意味も。

さいご

最後

さまざまなものごとの最もあと。最終。「最後の最後」は最後を強調する言い方で、本当の終わり。

問 91 同じ読みで、似た意味の漢字を2つ書く

指定の画数を書き足して漢字を完成させます

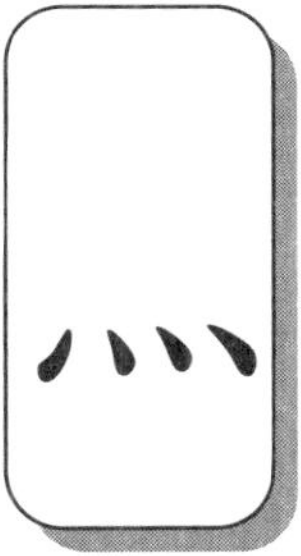

さかな

＋7画　＋2画

問 92 同じ読みで、似た意味の漢字を2つ書く

指定の画数を書き足して漢字を完成させます

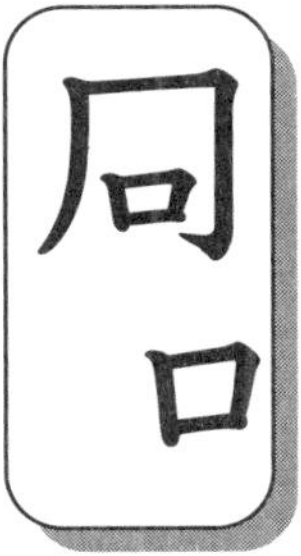

しゅうち

＋8画　＋7画

答 91 漢字と意味は次の通り

酒を飲むときのおかず。「酒菜」の意味。魚をおかずに飲むことが多かったのが由来。関西では「あて」。

肴

さかな

魚

魚類、うお。「水を得た魚のよう」という慣用句の「魚」は、「さかな」ではなく「うお」と読む。

答 92 漢字と意味は次の通り

衆人の知恵。「衆人」とは大勢の人という意味。「衆知を集める」という言い回しをされることが多い。

衆知

しゅうち

周知

広く知れ渡っていること。広く知らせるという意味も。例＝それは周知の事実。周知徹底させる必要がある。

問 93 同じ読みで、似た意味の漢字を２つ書く

指定の画数を書き足して漢字を完成させます

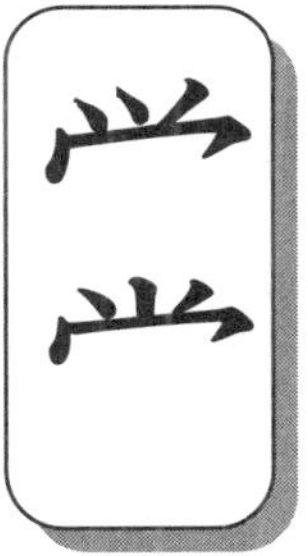

じゅしょう

＋13画　＋12画

問 94 同じ読みで、似た意味の漢字を２つ書く

指定の画数を書き足して漢字を完成させます

しょうしゅう

13画　＋11画

答 93 漢字と意味は次の通り

授賞

「賞」を「授ける」こと。反対語＝受賞。「授章」は勲章などを授けること。例＝授賞の理由を明らかにした。

じゅしょう

受賞

「賞」を「受ける」こと。反対語＝授賞。「受章」は勲章などを受けること。例＝コンクールで金賞を受賞する。

答 94 漢字と意味は次の通り

召集

上の者が下の者を集めること。国会が「召集」されるのは、日本国憲法に定められた天皇の国事行為だから。

しょうしゅう

招集

人を招いて集めること。国会と軍隊以外の公的な呼び集め。「招」は「手まねきをする」という意味。

問 95 同じ読みで、似た意味の漢字を2つ書く

指定の画数を書き足して漢字を完成させます

しょくりょう

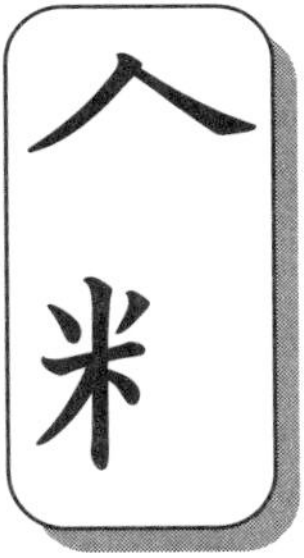

＋9画　　＋11画

問 96 同じ読みで、似た意味の漢字を2つ書く

指定の画数を書き足して漢字を完成させます

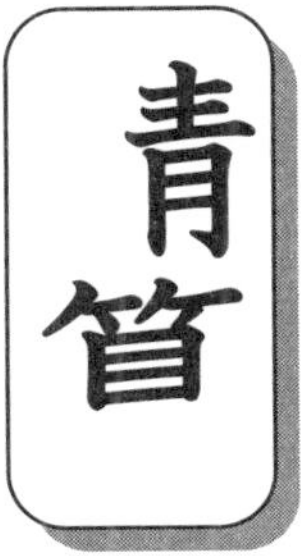

せいさん

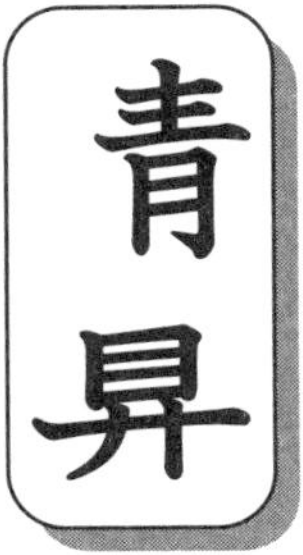

＋9画　　＋9画

答 95 漢字と意味は次の通り

食料

食べもの全般のこと。日本の食料自給率（2022年）はカロリーベースで38％、生産額ベースで58％。

しょくりょう

食糧

食べもののなかでも、とくに主食のこと。世界で多く食べられている主食は、米・小麦・トウモロコシの順。

答 96 漢字と意味は次の通り

清算

借金などの貸し借りに結着をつけること。「恋愛関係を清算」のように、これまでの関係を終わらせることも。

せいさん

精算

金額などを細かく計算すること。過不足があるときによく使われる。例＝経費を精算する。乗り越し精算。

問 97 同じ読みで、似た意味の漢字を２つ書く

指定の画数を書き足して漢字を完成させます

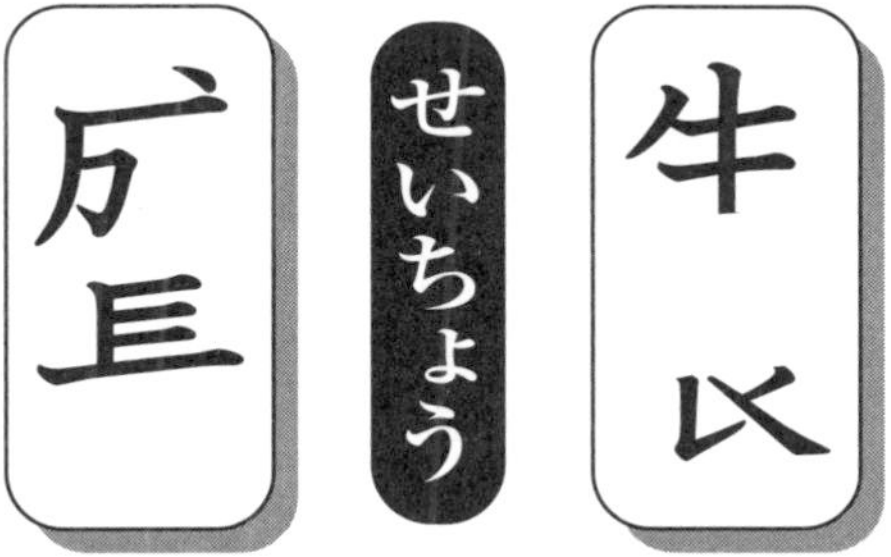

＋5画　＋6画

問 98 同じ読みで、似た意味の漢字を２つ書く

指定の画数を書き足して漢字を完成させます

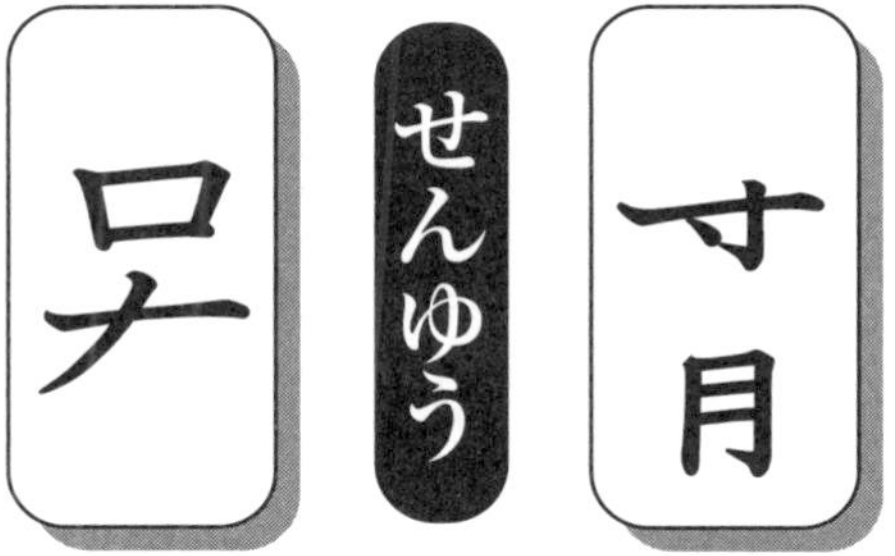

＋6画　＋8画

答 ⑨⑦ 漢字と意味は次の通り

生長

一般的には、植物が育って大きくなること。ただ、教科書では文部省学術用語集にしたがって「成長」で統一。

せいちょう

成長

育って大きくなること。人間の体や内面、動植物、経済、会社、事業など幅広い対象に使われる。

答 ⑨⑧ 漢字と意味は次の通り

専有

自分だけのものにすること。例＝マンションの専有部分（部屋）。その逆は、マンションの共有部分（廊下など）。

せんゆう

占有

自分のものとして、持ったり支配したりすること。友人に大分前に貸したままの本は、友人に占有権がある。

問 99 同じ読みで、似た意味の漢字を２つ書く

指定の画数を書き足して漢字を完成させます

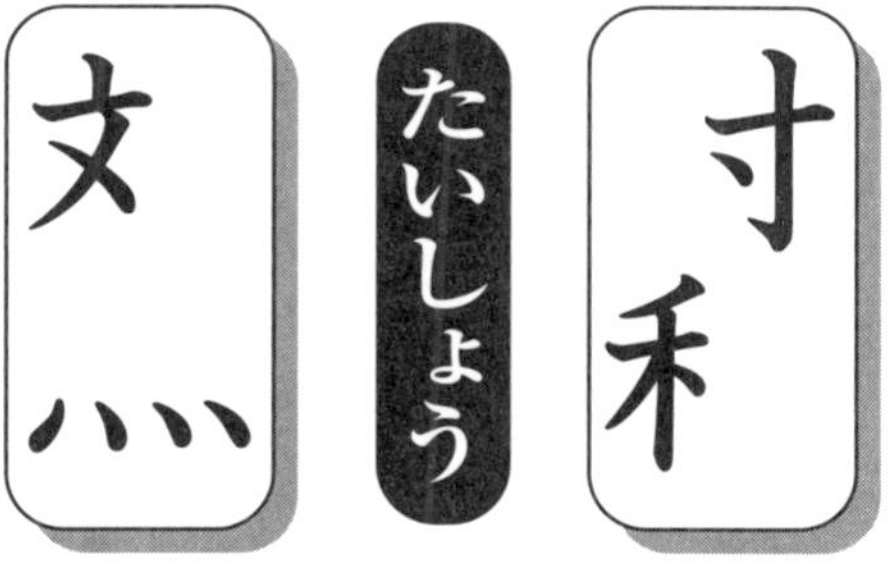

＋12画　＋9画

問 100 同じ読みで、似た意味の漢字を２つ書く

指定の画数を書き足して漢字を完成させます

＋2画　＋6画

答 99 漢字と意味は次の通り

対称

互いに対応しながら釣り合っていること。「対称的」とは、ものの形や並びがある線を境によく似ていること。

たいしょう

対照

ほかと照らし合わせること、比べること。「対照的」とは、ふたつのものの違いがはっきりしていること。

答 100 漢字と意味は次の通り

球

球技に使う丸いボール。電球の「たま」の意味も。例＝速い球を投げるピッチャーだ。電球の球を換える。

たま

玉

まるいもの、球形のもの。宝石類や大切なもののこともいう。「てっぽうだま」は「弾」を使わずに「鉄砲玉」。

問 101 同じ読みで、似た意味の漢字を2つ書く

指定の画数を書き足して漢字を完成させます

ちょっかん

＋8画　＋11画

問 102 同じ読みで、似た意味の漢字を2つ書く

指定の画数を書き足して漢字を完成させます

てきかく

＋8画　＋14画

答 101 漢字と意味は次の通り

直感

感覚でものごとをとらえること。ぴんとくる、頭にひらめいた、というときに通常使われるのはこの「直感」。

ちょっかん

直観

判断や推理ではなく、ものごとの本質を直接とらえること。「真理を直観する」など、主に哲学で使われる。

答 102 漢字と意味は次の通り

適格

ある資格にかなっていること。あてはまっていること。例=彼はリーダーとして適格な人柄だ。

てきかく

的確

的をはずさないで、確かなこと。間違いがないこと。例=どちらがいいのか的確に判断する。的確な指示を。

問 103 同じ読みで、似た意味の漢字を2つ書く

指定の画数を書き足して漢字を完成させます

さい

＋1画　　＋8画

問 104 同じ読みで、似た意味の漢字を2つ書く

指定の画数を書き足して漢字を完成させます

でんき

＋9画　　＋11画

答103 漢字と意味は次の通り

歳

数字と組み合わせて年齢を表す。1か年、年月という意もあり、「歳末」「歳月」などの言葉で使われる。

さい

才

「歳」の略字で、年齢を表す際に使用。本来の意味は「持ち前の能力」なので、公的な文書では使わないように。

答104 漢字と意味は次の通り

電器

電力で動かす器械、電気器具のこと（「器械」はＰ98参照）。一般の家庭用電化製品は「電器」の範ちゅう。

でんき

電機

電力で動かす機械、電気機械のこと（「機械」はＰ98参照）。電機工業など、大きなものやくりに使われる。

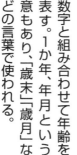

問 105 同じ読みで、似た意味の漢字を2つ書く

指定の画数を書き足して漢字を完成させます

目	なみだ	氵
＋3画		＋7画

問 106 同じ読みで、似た意味の漢字を2つ書く

指定の画数を書き足して漢字を完成させます

丂	はこ	相
＋6画		＋6画

答 ⑩⑤ 漢字と意味は次の通り

感情が激しく揺れ動いたときなどに涙腺から流れる水分。古くは「なみた」。奈良時代には濁音になった。

涙

なみだ

泪

「涙」と同じ。詩などの創作でよく使われる。「あしたのジョー」に登場した丹下拳闘クラブの場所は「泪橋」。

答 ⑩⑥ 漢字と意味は次の通り

ものを入れるための容器。主に木やプラスチックなどで作られている。「はこ」は一般的にこの字を使用。

箱

はこ

函

「箱」と同じ。いまは「函館」「投函」程度しか使われない字なので、単独で使うとどこかレトロなイメージに。

問 107 同じ読みで、似た意味の漢字を2つ書く

指定の画数を書き足して漢字を完成させます

＋5画　＋4画

問 108 同じ読みで、似た意味の漢字を2つ書く

指定の画数を書き足して漢字を完成させます

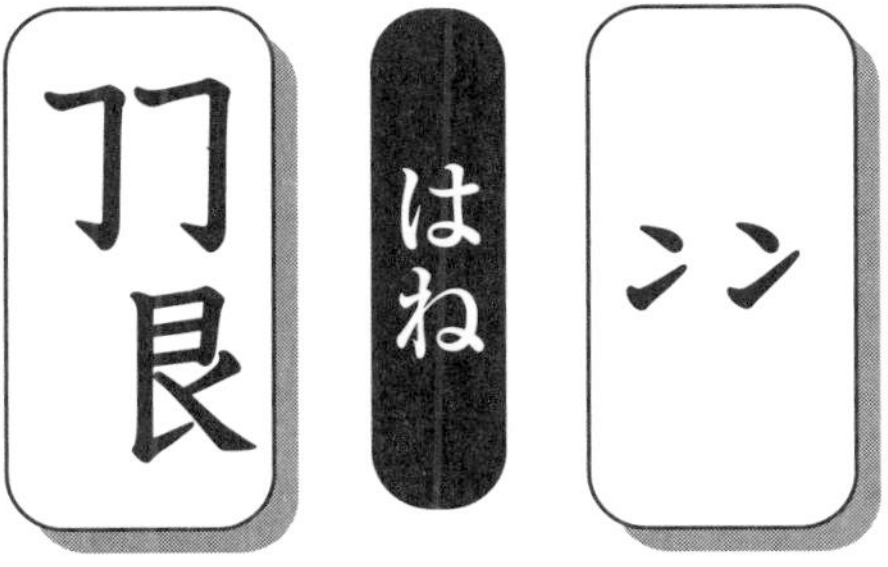

＋8画　＋2画

答 107 漢字と意味は次の通り

畑

はたけ

畠

畑：野菜や穀物を作る土地。専門分野という意味もある。「火に田」と書き、もとは焼き畑のことを指していた。

畠：地名や人名などにほぼ限って使用。専門分野という意味はない。もとは「白い田＝乾いた田」を指していた。

答 108 漢字と意味は次の通り

羽

はね

羽根

羽：鳥のつばさ。チョウやトンボなど昆虫のはね。飛行機のつばさ。比喩に「羽を伸ばす」「羽を広げる」など。

羽根：鳥のつばさは「羽」だが、バラバラにしたものは「羽根」。扇風機やプロペラなどのはねも「羽根」と書く。

問 109 同じ読みで、似た意味の漢字を2つ書く

指定の画数を書き足して漢字を完成させます

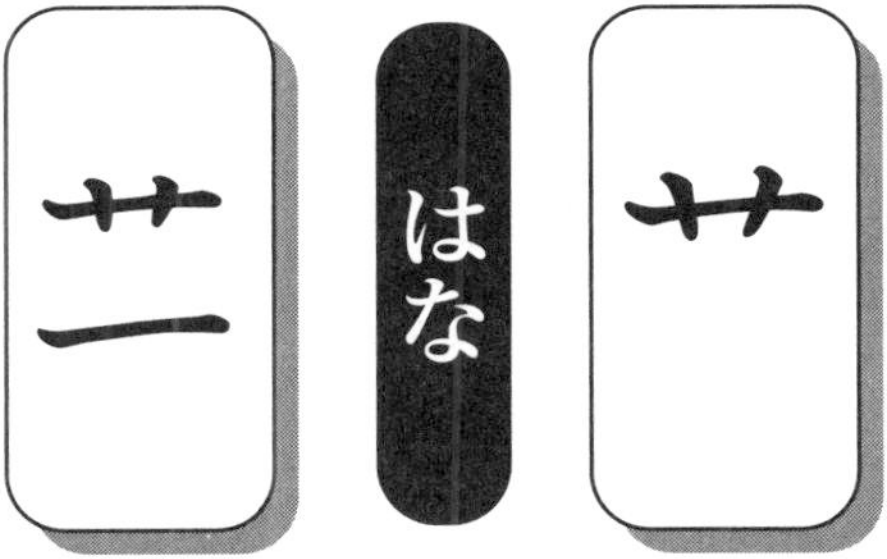

＋6画　＋4画

問 110 同じ読みで、似た意味の漢字を2つ書く

指定の画数を書き足して漢字を完成させます

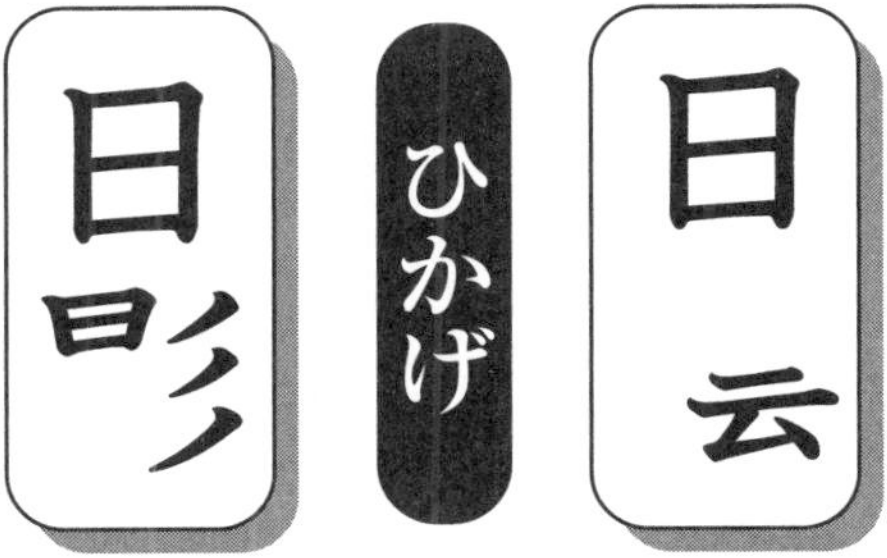

＋8画　＋7画

答 ⑩⑨ 漢字と意味は次の通り

花

植物が生殖を行う器官。古くは桜のことを指した。「花盛り」「両手に花」「花を添える」など慣用句も多い。

はな

華

花そのものよりも、そのイメージを形容する言葉として使用。例＝華やかに着飾る。華やかな都会の暮らし。

答 ⑪⑩ 漢字と意味は次の通り

日陰

日光が当たらないところ。日光をさえぎるもののかげ。「日陰者」のように、表立って活動できないこともいう。

ひかげ

日影

「日陰」と混同しやすいが、意味は逆で、日の光、日差しのこと。夕日の光を「入り日影」という言い方も。

問 111 同じ読みで、似た意味の漢字を2つ書く

指定の画数を書き足して漢字を完成させます

ひっし

+4画　　+6画

問 112 同じ読みで、似た意味の漢字を2つ書く

指定の画数を書き足して漢字を完成させます

ふね

+6画　　+3画

答 ⑪① 漢字と意味は次の通り

必至

必ずそうなること。「必ず至る」と訓読みにすればわかりやすい。例＝早期の解散は必至だ。

ひっし

必死

「必死」は死ぬ覚悟で取り組むこと。「決死」は死を決意すること、死を覚悟すること。

答 112 漢字と意味は次の通り

舟

人や荷物をのせて水上を移動する「ふね」。そのなかでも簡単な造りで、手でこぐ小型のもののこと。

ふね

船

比較的大型で動力によって動く「ふね」のこと。「船出」「船旅」など、「ふね」にかかわる言い回しもこちら。

問113 同じ読みで、似た意味の漢字を2つ書く

指定の画数を書き足して漢字を完成させます

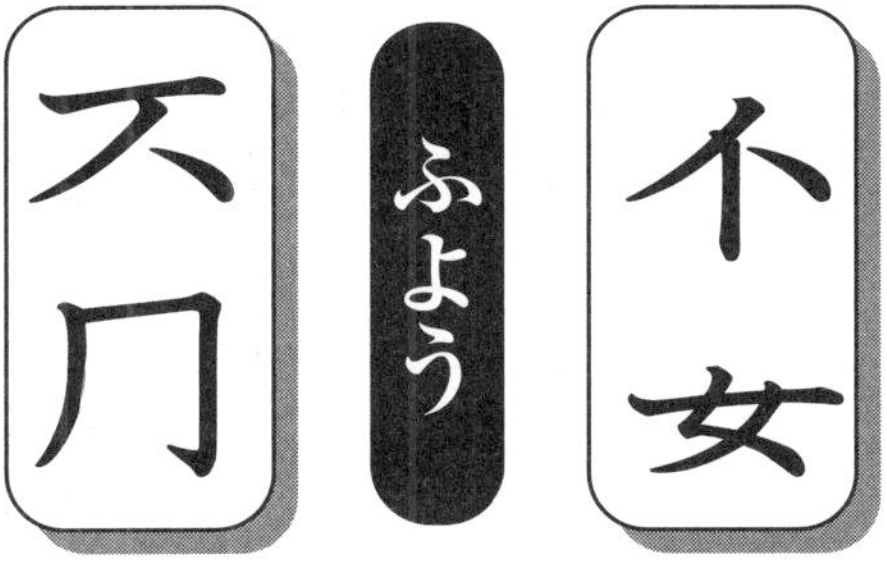

＋4画　＋7画

問114 同じ読みで、似た意味の漢字を2つ書く

指定の画数を書き足して漢字を完成させます

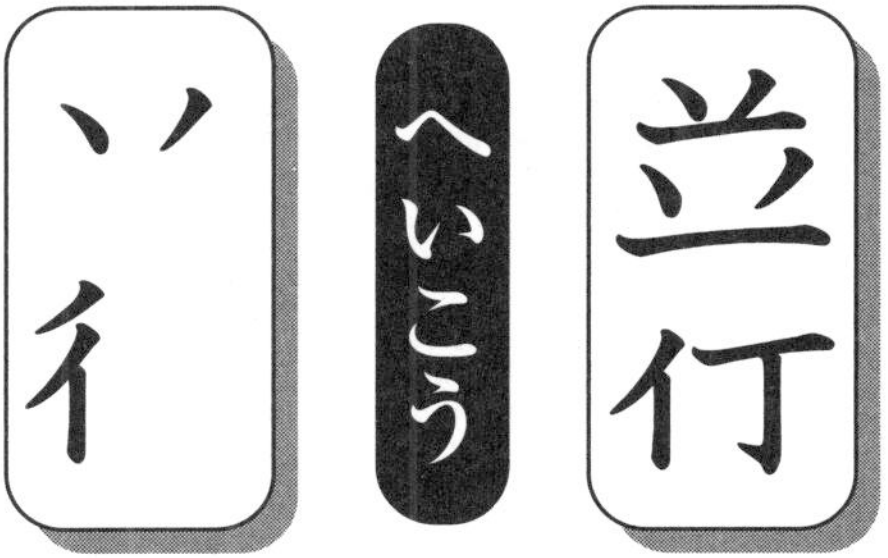

＋6画　＋4画

答 113 漢字と意味は次の通り

ふよう

不要

いらない、必要のないこと。古くからある言葉の「不用」とほぼ同じ意味。「不要」は明治期の造語という説も。

不用

いらない、用のないこと。「役にたたない」「使わない」というニュアンスが「不要」よりもやや強調される。

答 114 漢字と意味は次の通り

へいこう

並行

並んで進むこと。同時に行われること。例＝国道が線路に並行して走る。ふたつのイベントを並行して開催。

平行

2つの直線や平面がどこまでも交わらないこと。「並行」と同じ意味もあり、意見が食い違うときに使用。

第4章

読み方も送りがなも同じで意味も似ている2つの漢字

異字同送りがな同音近似義語

●読みも送りがなも同じ
●意味も近い
●漢字が異なる

あたたかい

温かい

冷たすぎたり熱すぎたりもしない、ちょうどよい状態のこと。
人柄や雰囲気・態度にぬくもりが感じられる。

暖かい

ほどよい気温であること。
肌にほどよいぬくもりを感じる。

問 115 同じ読みで、似た意味の漢字を２つ書く

指定の画数を書き足して漢字を完成させます

す

＋7画

あらわす

す

＋4画

問 116 同じ読みで、似た意味の漢字を２つ書く

指定の画数を書き足して漢字を完成させます

い

＋3画

あらい

い

＋5画

答 115 漢字と意味は次の通り

あらわす

表す

心のなかの思いや考えを表に出す。形にして示す。例＝喜びを顔に表す。結果をグラフに表す。言葉に表す。

現す

隠れていたものが現れて、見えるようになる。例＝姿を現す。ついに本性を現す。絵の才能を現す。

答 116 漢字と意味は次の通り

あらい

粗い

粒が大きい。おおざっぱ。雑である。反対語＝細かい。例＝きめが粗い。仕事の進め方が粗い。網目が粗い。

荒い

勢いが激しい。乱暴である。反対語＝おだやか。例＝波が荒い。気性が荒い。金づかいが荒い。荒療治。

問117 同じ読みで、似た意味の漢字を2つ書く

指定の画数を書き足して漢字を完成させます

う

+2画

いう

う

+2画

問118 同じ読みで、似た意味の漢字を2つ書く

指定の画数を書き足して漢字を完成させます

す

+2画

うつす

す

+4画

答 117 漢字と意味は次の通り

いう

言う

一般的にはこの字を使う。「言う」は相手の有無を問わないが、「話す」のは相手が必要となる。

云う

「いう」の古い書き方で、明治・大正期の小説でよく使われた。「～が云うには」など言葉の引用を示すことも。

答 118 漢字と意味は次の通り

うつす

映す

ものの形や姿をほかのものの表面に表す、という意味。例＝鏡に映す。山が湖に姿を映す。スクリーンに映す。

写す

そっくりそのままに書く、模写する、表現する、撮影する。例＝ノートに写す。手本を写す。写真を写す。

問119 同じ読みで、似た意味の漢字を2つ書く

指定の画数を書き足して漢字を完成させます

い

＋7画

うれい

い

＋5画

問120 同じ読みで、似た意味の漢字を2つ書く

指定の画数を書き足して漢字を完成させます

す

＋3画

おかす

す

＋4画

答 119 漢字と意味は次の通り

うれい

愁い

物悲しい。不安や心配ではなく、嘆きや悩みからくる。動詞は「愁える」。例＝愁いを帯びた表情。死を愁える。

憂い

不安や心配なことがあって、心を痛める。動詞は「憂える」。例＝後顧の憂い。憂い顔。国の将来を憂える。

答 120 漢字と意味は次の通り

おかす

侵す

領土に入り込む。権利を侵害する。例＝国境を侵す。表現の自由を侵す。なお、「冒す」はあえて行うこと。

犯す

法律や倫理などに反して、やってはいけないことをする。例＝法を犯す。組織の規律を犯す。過ちを犯す。

問 121 同じ読みで、似た意味の漢字を2つ書く

指定の画数を書き足して漢字を完成させます

おもう

心	心
う	う
+9画	+5画

問 122 同じ読みで、似た意味の漢字を2つ書く

指定の画数を書き足して漢字を完成させます

おさめる

丩	糸
める	める
+2画	+4画

答 ⑫① 漢字と意味は次の通り

考える、感じる、判断する、想像する、慕う、といった「おもう」が持っている幅広い意味で使える。

思う

おもう

想う

「おもう」の意味のなかでも、とくに情緒的なことで使われる。例=故郷を懐かしく想う。初恋の人を想う。

答 ⑫② 漢字と意味は次の通り

金や品をわたす、支払う。あるべきところに落ち着く。終わりにする。例=税金を納める。これで見納め。

納める

おさめる

収める

何かのなかに入れる、しまう。手に入れる。良い結果を得る。例=手中に収める。箱に収める。成功を収める。

問 123 同じ読みで、似た意味の漢字を2つ書く

指定の画数を書き足して漢字を完成させます

おぼえる

見 える

＋5画

意 える

＋3画

問 124 同じ読みで、似た意味の漢字を2つ書く

指定の画数を書き足して漢字を完成させます

かく

苗 く

＋3画

日 く

＋6画

答 ⑫③ 漢字と意味は次の通り

おぼえる

憶える

「記憶」に関してのみ使われる。心にしっかりとめておき、いつでも取り出せるような場合などに使用。

覚える

記憶することだけではなく、習得する（技術を）、感じる（疲れ、空腹を）といった意味もある。

答 ⑫④ 漢字と意味は次の通り

かく

書く

文字をしるしたり、文章をつくったりすること。例＝名前を書く。日記を書く。手紙を書く。ノートに書く。

描く

文字ではなく、絵や図をあらわす場合は「描く」が使われる。例＝風景画を描く。漫画を描く。地図を描く。

問 125 同じ読みで、似た意味の漢字を2つ書く

指定の画数を書き足して漢字を完成させます

かえる

える

＋2画

える

＋3画

問 126 同じ読みで、似た意味の漢字を2つ書く

指定の画数を書き足して漢字を完成させます

かえる

える

＋8画

える

＋6画

答 125 漢字と意味は次の通り

ものや行為を違うものに交換する。例＝土地をお金に換える。電車を乗り換える。名義を書き換える。

換える

かえる

代える

ある役割をほかの人やものにさせる。人と人を交代させる。例＝料理の肉を魚に代える。投手を代える。

答 126 漢字と意味は次の通り

ものを前とは違った状態にする。例＝家具の位置を変える。計画を変える。風向きを変える。気分を変える。

変える

かえる

替える

それまでのものをやめて、新しく別のものにする。例＝洋服を替える。おむつを替える。文章を差し替える。

問 127 同じ読みで、似た意味の漢字を２つ書く

指定の画数を書き足して漢字を完成させます

る

＋４画

かおる

る

＋４画

問 128 同じ読みで、似た意味の漢字を２つ書く

指定の画数を書き足して漢字を完成させます

しい

＋２画

かなしい

しい

＋８画

答 127 漢字と意味は次の通り

良いにおいがするのが「かおる」で、一般的には「香る」が使われる。花や香水などのにおいはこの字。

香る

かおる

薫る

抽象的なかおりや特別な雰囲気を出したい場合には「薫る」も使われる。「風薫る」という言い回しも。

答 128 漢字と意味は次の通り

心が痛んで泣きたくなるような気持ちとして一般的に使用。昔は「いとしい」「かわいい」など多様な意味が。

悲しい

かなしい

哀しい

「哀（あわれ）」はくちへんの字。「哀しい」は口からため息が出るような切なさ、哀れさを表す。

問 129 同じ読みで、似た意味の漢字を2つ書く

指定の画数を書き足して漢字を完成させます

臤	かたい	更
い		い
+3画		+5画

問 130 同じ読みで、似た意味の漢字を2つ書く

指定の画数を書き足して漢字を完成させます

刂	きく	
く		く
+5画		+4画

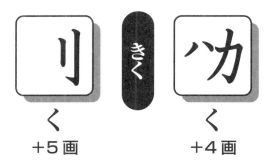

答129 漢字と意味は次の通り

かたい

硬い

外からの力に強く、芯が「かたい」こと。「やわらかい」の反対。表情や心の動きなどを表すのにも使われる。

堅い

中身が詰まっていて「かたい」こと。「もろい」の反対。迷ったら、最も意味の広い「固い」を使うのが無難。

答130 漢字と意味は次の通り

きく

効く

「効果がある」と言い換えられる場合。「ブレーキが効かない」は路面の濡れなどにより効果がない。

利く

機能が発揮される。可能だ。「ブレーキが利かない」は、故障などでブレーキそのものの機能が発揮されない。

問 131 同じ読みで、似た意味の漢字を2つ書く

指定の画数を書き足して漢字を完成させます

くらべる

車べる	匕べる
+6画	+2画

問 132 同じ読みで、似た意味の漢字を2つ書く

指定の画数を書き足して漢字を完成させます

こわい

心い	布い
+6画	+3画

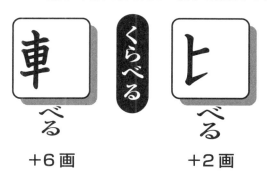

答 131 漢字と意味は次の通り

比べる

2つ以上のものの違いや優劣を考える場合に最も広く使用。「競べる」なら、優劣や勝敗の意味が強調される。

くらべる

較べる

一般的に使われる「比べる」と意味はほぼ同じだが、「一層、綿密に比べる」といったニュアンスになる。

答 132 漢字と意味は次の通り

怖い

おそろしくて、その場から逃げ出したい。例＝幽霊が怖い。怖い夢を見た。怖いもの見たさ。怖がり。

こわい

恐い

「怖い」とほぼ同じだが、強い不安に襲われるというニュアンスも。常用漢字表にはない。例＝感染症が恐い。

問 133 同じ読みで、似た意味の漢字を2つ書く

指定の画数を書き足して漢字を完成させます

こえる

える

＋5画

える

＋4画

問 134 同じ読みで、似た意味の漢字を2つ書く

指定の画数を書き足して漢字を完成させます

さびしい

しい

＋4画

しい

＋6画

答133 漢字と意味は次の通り

越える

ある場所や時間、地点などを過ぎて先に進む。動詞と複合する場合はこれ。例＝峠を越える。乗り越える。

こえる

超える

ある基準や数量、限度などを上回る、超越する。抽象的なものに多用。例＝能力を超える。想定を超える。

答134 漢字と意味は次の通り

寂しい

心細くて孤独を感じる。心が満たされない。物足りない。人が少ない。一般的にはこの「寂しい」を使う。

さびしい

淋しい

涙が出るようなさびしい気持ちを強く表したい場合は、さんずいの「淋」。感傷的なさびしさがより伝わる。

問135 同じ読みで、似た意味の漢字を2つ書く

指定の画数を書き足して漢字を完成させます

す

＋8画

さがす

す

＋5画

問136 同じ読みで、似た意味の漢字を2つ書く

指定の画数を書き足して漢字を完成させます

ぶ

＋5画

しのぶ

ぶ

＋2画

答 135 漢字と意味は次の通り

なくなったものやいなくなった人を「さがす」。例＝犯人を捜す。財布を捜す（財布が見たらない場合）。

捜す

さがす

探す

ほしいものを求めて「さがす」。例＝アパートを探す。仕事を探す。財布を探す（買おうと思って調べる場合）。

答 136 漢字と意味は次の通り

人に知られないようにひそかに行動する。我慢する。例＝人目を忍ぶ。恥を忍んで打ち明ける。耐え忍ぶ。

忍ぶ

しのぶ

偲ぶ

離れている人、過去にふれあった人、過ぎ去った場所などを懐かしむ。例＝故郷を偲ぶ。初恋の人を偲ぶ。

問 137 同じ読みで、似た意味の漢字を2つ書く

指定の画数を書き足して漢字を完成させます

とうとい

い

+4画

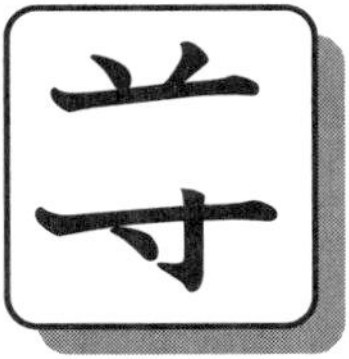

い

+6画

問 138 同じ読みで、似た意味の漢字を2つ書く

指定の画数を書き足して漢字を完成させます

しる

る

+8画

る

+5画

答 137 漢字と意味は次の通り

神聖で威厳がある場合に使われる。例＝尊い教え、尊いお姿。若者言葉ではアイドルやアニメキャラも対象。

尊い

とうとい

貴い

価値がある、貴重だ、身分が高い、といった場合に使用。例＝貴い経験。貴い命を失った。1日1日が貴い。

答 138 漢字と意味は次の通り

知識を得る。理解する。感じ取る。ほとんどの場合、この「知る」を使用。例＝ニュースで事件を知る。

知る

しる

識る

「知る」とほぼ同じ意味だが、より深く知っているというニュアンス。例＝彼は経済をよく識る。

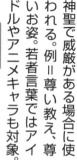

問 139 同じ読みで、似た意味の漢字を2つ書く

指定の画数を書き足して漢字を完成させます

すすめる

める

＋2画

める

＋9画

問 140 同じ読みで、似た意味の漢字を2つ書く

指定の画数を書き足して漢字を完成させます

すむ

む

＋4画

む

＋3画

答139 漢字と意味は次の通り

すすめる

薦める

良いと思う人やものを推薦する。「勧める」と混同しやすいが、じつは大分違う。例＝面白かった本を薦める。

勧める

人にそうするように働きかける。ものを使ってもらおうとする。「奨める」とも書く。例＝読書を勧める。

答140 漢字と意味は次の通り

すむ

澄む

濁りやくもりがなく、透き通った状態になる。音がよく響く。邪念がなくなる。例＝水が澄む。澄んだ声。

清む

「きよむ」ではなく、「すむ」。一般的な「澄む」と同じような意味で使われるが、より「清らかさ」が強調。

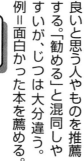

問 141 同じ読みで、似た意味の漢字を2つ書く

指定の画数を書き足して漢字を完成させます

たくわえる

える

＋7画

える

＋5画

問 142 同じ読みで、似た意味の漢字を2つ書く

指定の画数を書き足して漢字を完成させます

たのしむ

しむ

＋3画

しむ

＋5画

答 141 漢字と意味は次の通り

蓄える

金やものなどを将来役立てるためにためておく。一般的にはこちらの字。例＝知識を蓄える。食料を蓄える。

たくわえる

貯える

「蓄える」とほぼ同じだが、のちに使うためのお金、というニュアンス。例＝学費を貯える。財産を貯える。

答 142 漢字と意味は次の通り

楽しむ

満ち足りていて愉快な気分。趣味などの好きなことをして満足する。子どもの成長などを期待する。

たのしむ

愉しむ

「愉快」の「愉」を使った「愉しむ」の場合、心の底から楽しく愉快である、というニュアンスが強調される。

問143 同じ読みで、似た意味の漢字を2つ書く

指定の画数を書き足して漢字を完成させます

つくる

る

＋4画

る

＋3画

問144 同じ読みで、似た意味の漢字を2つ書く

指定の画数を書き足して漢字を完成させます

とかす

かす

＋5画

かす

＋6画

答 143 漢字と意味は次の通り

作る

つくる

何かを「つくる」ことに広く使われる。独創性のあるものを「つくる」場合は、「創る」と書くことも。

造る

建物や船、庭園、道路など大きなものに対して使われる。「醸造」の意味から、酒や醤油、味噌などもこの字。

答 144 漢字と意味は次の通り

解かす

とかす

ひもや結び目など、固まっていたものをほぐす。髪の毛は「梳かす」「とかす」と書くことが多い。

溶かす

液状にする。固形物を液体に混ぜる。温度を上げて液状にする場合、「融解」の意味から「融かす」とも書く。

問 145 同じ読みで、似た意味の漢字を２つ書く

指定の画数を書き足して漢字を完成させます

なおす

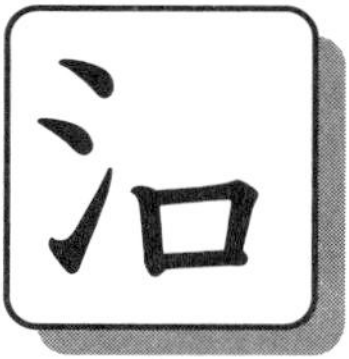

す	す
＋3画	＋2画

問 146 同じ読みで、似た意味の漢字を２つ書く

指定の画数を書き足して漢字を完成させます

ながい

い	い
＋4画	＋4画

答 145 漢字と意味は次の通り

なおす

治す

「治療」の「治」を使った言葉で、健康な状態に戻す、という意味。けがや病気などに関して使われる。

直す

もとの状態に戻す（誤り、服装を）。修理する（動かない時計、故障した機械を）。置き換える（かなを漢字に）。

答 146 漢字と意味は次の通り

ながい

永い

「永遠」「永久」の「永」を含む言葉で、非常に長い時間が続くこと。例＝永い眠りにつく。末永い関係。

長い

「短い」の反対語。距離や時間の隔たりが大きいことに広く使用。例＝長い脚。長い目で。長い年月。

問 147 同じ読みで、似た意味の漢字を2つ書く

指定の画数を書き足して漢字を完成させます

飠	のむ	口
む		む
+4画		+4画

問 148 同じ読みで、似た意味の漢字を2つ書く

指定の画数を書き足して漢字を完成させます

亻	のびる	廴
びる		びる
+5画		+5画

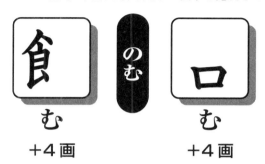

答 147 漢字と意味は次の通り

呑む

固形物を噛まずにのみこむ。ほかに、要求などを受け入れるという意味も。「呑」は口を大きく開けた象形文字。

のむ

飲む

液体または小さな固体を噛まずにのむ。酒は一般的に「飲む」と書くが、大酒は「呑む」と表現することも。

答 148 漢字と意味は次の通り

延びる

時間的、空間的に長くなる場合に使用（出発、開始、支払い、行列が）。多くは「延長」に言い換えられる。

のびる

伸びる

まっすぐにする（手足、羽が）、成長して増す（背丈、枝が）。それ自体が長くなる、というときに使われる。

問 149 同じ読みで、似た意味の漢字を２つ書く

指定の画数を書き足して漢字を完成させます

女　はじめ　衤

め　　め

＋5画　　＋2画

問 150 同じ読みで、似た意味の漢字を２つ書く

指定の画数を書き足して漢字を完成させます

　はなす　

す　　す

＋6画　　＋4画

答 149 漢字と意味は次の通り

ある時間や期間の最初の段階。多くは「初期」「初回」に言い換えられる。例＝年の初め。初めはこう思った。

初め

はじめ

始め

ものごとをはじめたばかりの段階。「開始」に言い換えられるならこれ。例＝明日は仕事始め。会議の始めに。

答 150 漢字と意味は次の通り

解放する、放棄する、手元から自由にする場合などに使用。例＝釣った魚を川に放す。家屋敷を手放す。

放す

はなす

離す

間隔や距離が広がる、離脱する、視線を移す場合などに使用。例＝嫌いな人から席を離す。子から目を離す。

問 151 同じ読みで、似た意味の漢字を2つ書く

指定の画数を書き足して漢字を完成させます

はかる

氵刂	十
る	る
+7画	+7画

問 152 同じ読みで、似た意味の漢字を2つ書く

指定の画数を書き足して漢字を完成させます

はやい

日	辶
い	い
+2画	+7画

答 ⑮① 漢字と意味は次の通り

「はかる」対象は主に時間。考えるという意味もある。例＝通学にかかる時間を計る。国の将来を計る。

計る

はかる

測る

「はかる」対象は長さ（距離）、高さ（標高）、深さ（水深）、程度（運動能力）など。道具を使って行うことが多い。

答 ⑮② 漢字と意味は次の通り

速さ、スピードがあること。投手の球、決断、リズム、脈拍などに使用。特に速い場合は「迅い」と書くことも。

速い

はやい

早い

時間や時刻が前であること。「気が早い」は、気持ちの速度が速いのではなく、人よりも先にするという意味。

問 153 同じ読みで、似た意味の漢字を2つ書く

指定の画数を書き足して漢字を完成させます

ほろびる

びる

＋2画

びる

＋7画

問 154 同じ読みで、似た意味の漢字を2つ書く

指定の画数を書き足して漢字を完成させます

まるい

い

＋2画

い

＋2画

答 (153) 漢字と意味は次の通り

ほろびる

滅びる

勢いのあったものがなくなる、絶える、滅亡する、という意味で一般的に使われる。例＝国、文明、敵が滅びる。

亡びる

「滅びる」とほぼ同じ。常用漢字表にはない。なくなって存在しない、という意味がより強いという見方も。

答 (154) 漢字と意味は次の通り

まるい

円い

円形、または円満であることをとくに強調したい場合に使用。例＝円いテーブル、円い輪になる。円い人柄。

丸い

ボールのような球形をしていること。角がないという意味も。例＝地球は丸い。性格が丸くなった。

問 155 同じ読みで、似た意味の漢字を2つ書く

指定の画数を書き足して漢字を完成させます

まざる

沘ざる　+4画

父ざる　+2画

問 156 同じ読みで、似た意味の漢字を2つ書く

指定の画数を書き足して漢字を完成させます

みる

手る　+5画

㐱る　+7画

答 155 漢字と意味は次の通り

まざる

交ざる

もとが区別できるようなまじり方をすること。例＝黒髪に白髪が交ざる。芝生に雑草が交ざる。

混ざる

とけ合って、もとが区別できなくなるまじり方をすること。例＝酒に水が混ざる。違う色の絵の具が混ざる。

答 156 漢字と意味は次の通り

みる

診る

診察をする、という意味に限って使われる。例＝患者を診る。脈を診る。内視鏡で胃の様子を診る。

看る

看護する、病人の世話をする、という意味で使われる。例＝老いた親を看る。重病人の最期を看る。

問 157 同じ読みで、似た意味の漢字を2つ書く

指定の画数を書き足して漢字を完成させます

みる

見
る
+11画

目
る
+2画

問 158 同じ読みで、似た意味の漢字を2つ書く

指定の画数を書き足して漢字を完成させます

むなしい

しい
+5画

しい
+3画

答157　漢字と意味は次の通り

見る　みる　**観る**

見る：眺める（景色を）、判断する（様子を）、世話をする（面倒を）、経験する（痛い目を）など、広い意味で使われる。

観る：考えたり感じたりしつつ見る、見物する、という意味で使われる。例＝映画を観る。個展を観る。星座を観る。

答158　漢字と意味は次の通り

空しい　むなしい　**虚しい**

空しい：「むなしい」を表す一般的な言葉。中身がない。はかない。例＝空しく時間を過ごす。空しい世の中。

虚しい：じつは内容がない…というニュアンスが強くなる。例＝華やかに見えるかもしれないが、虚しい毎日だ。

［著者（馬場雄二＝ばばゆうじ）プロフィール］

東京芸術大学大学院修了。ヴィジュアルデザイナー、東北芸術工科大学名誉教授。文字やデザインを遊びの視点から創作・研究するとともに、目玉マークを主としたフジサンケイグループ、ＳＥＩＫＯ、ＮＥＣ、コクヨ、西武百貨店、幻冬舎などのＣＩディレクション、グラフィック、商品開発などを手掛ける。

授賞＝世界カレンダー賞（ＵＳＡ）金賞、ザ・トリック展優秀賞、東京発明展特別賞、ミリオンセラー「漢字博士」でおもちゃ大賞、「ミリケシ」でグッドデザイン賞、白川静漢字教育賞特別賞など。

著書＝「文字遊び百科」全5巻（東京堂書店）、「誤字等の本」（仮説社）、「漢字のサーカス」全3巻（岩波書店）、「漢字クイズ絵本」全6巻（偕成社）。「脳活！漢字遊び」（ＮＨＫ出版）、「脳が元気になる四字熟語ぬり字」・「直感を裏切るデザインパズル」（講談社）、「漢独」（青春出版社）、「漢字遊び解体新書」・「この字なんの字不思議な漢字」（大修館書店）、「ことわざ漢字るパズル」（幻冬舎）、「漢字るパズル」（光文社）、「漢字のナンプレ」（朝日新聞出版）など50数冊。

連載＝朝日新聞日曜be「馬場雄二のデザインQ」、産経新聞「馬場雄二の遊字塾」、「漢字ことば図鑑」（朝日小学生新聞）など全国紙に20年間連載。

ゲーム開発＝「漢字博士」（学研・西武百貨店・奥野かるた店・幻冬舎）、「ことわざカルタ丸」・「漢字の宝島」・「四字熟語合わせ」・「もじコロ」など50数種。

テレビ・ラジオ出演＝「世界一受けたい授業」（日本テレビ系）・「テレビ寺子屋」（フジテレビ系）・「ラジオ深夜便」（ＮＨＫ）などに適時出演。

講演・大学ゼミ＝「漢字で脳の活性化・能力開発」などをテーマに全国各地講演・大学ゼミ「視覚の不思議」など。

長野冬季五輪デザイン検討委員会委員長を歴任、信州上田観光大使。

http://ba2u2.com/

[参考文献]（自著は省略）
「広辞苑」（新村 出／岩波書店）
「新明解国語辞典」（金田一京助他／三省堂）
「違いのわかる漢字探し辞典」（三省堂編修所／三省堂）
「暮らしの中の国語慣用句辞典」（吉田成一他／集英社）
「角川最新漢和辞典」（鈴木修次他／角川書店）
「現代標準漢和辞典」（藤堂明保他／学研）
「例解慣用句辞典」（井上宗雄／創拓社）
「大辞泉」（小学館） など。

青春文庫

大人《おとな》のクイズ

答《こた》えが2つある漢字《かんじ》

2024年 2 月20日　第 1 刷

著　　者　馬《ば》場《ば》雄《ゆう》二《じ》

漢字解説　田《た》中《なか》浩《ひろ》之《ゆき》

発 行 者　小澤源太郎

責任編集　株式会社プライム涌光

発 行 所　株式会社青春出版社

〒162-0056　東京都新宿区若松町 12-1
電話 03-3203-2850（編集部）
03-3207-1916（営業部）

振替番号　00190-7-98602

印刷／大日本印刷
製本／ナショナル製本

ISBN 978-4-413-29846-9